矛与盾

——金融科技与监管科技

赵大伟　袁佳　著

中国金融出版社

责任编辑：方　蔚　董梦雅
责任校对：刘　明
责任印制：丁淮宾

图书在版编目（CIP）数据

　　矛与盾：金融科技与监管科技／赵大伟，袁佳著.—北京：中国金融出版社，2021.9
　　ISBN 978-7-5220-1308-4

　　Ⅰ.①矛…　Ⅱ.①赵…　②袁…　Ⅲ.①金融—科学技术—研究—中国②科学技术—应用—金融监管—研究—中国　Ⅳ.①F832

　　中国版本图书馆 CIP 数据核字（2021）第 178722 号

矛与盾——金融科技与监管科技
MAO YU DUN——JINRONG KEJI YU JIANGUAN KEJI

出版
发行　　中国金融出版社

社址　　北京市丰台区益泽路 2 号
市场开发部　（010）66024766，63805472，63439533（传真）
网 上 书 店　www.cfph.cn
　　　　　　　（010）66024766，63372837（传真）
读者服务部　（010）66070833，62568380
邮编　　100071
经销　　新华书店
印刷　　河北松源印刷有限公司
尺寸　　169 毫米×239 毫米
印张　　13.25
字数　　174 千
版次　　2021 年 10 月第 1 版
印次　　2021 年 10 月第 1 次印刷
定价　　58.00 元
ISBN 978-7-5220-1308-4
如出现印装错误本社负责调换　联系电话(010)63263947

序　言

近年来，随着信息技术在金融领域的深入应用和跨界融合，金融科技得到快速发展与广泛应用。这给我们带来一个重要启示：技术性因素将为现代金融业的发展带来根本性的变革，其在极大地提升金融效率的同时，对匹配信息和解决相互信任等金融业的核心问题产生了冲击，并由此迫切需要通过信息技术提升金融监管能力和监管效率，有效保障金融安全。这正是本书所希望阐述的核心要义：金融创新之"矛"与金融安全之"盾"。

从历史视角看，金融是科技密集型行业，金融业发展与科技创新密切相关。金融机构利用技术进步，不断优化业务模式，改造业务流程，提升业务效率，降低业务成本，提高盈利空间。同时，技术进步又会催生出一批新的金融业务模式、产品和服务，深刻地影响着金融服务的供给方式，为金融发展提供新的创新活力，但同时也会带来新的风险隐患和监管挑战。

一方面，金融科技的发展，推动金融业务流程不断调整优化，跨行业、跨市场的金融产品日益丰富，不同类型金融资产的转换更加高效，将金融资源更加高效地配置在经济社会发展的重点领域和薄弱环节，构建服务更加精准化、手段更加科技化、主体更加负责任、模式更加可持续的普惠金融体系，满足实体经济多元化金融需求，提升金融服务质效。

另一方面，科技在金融行业的快速发展与普遍应用也带来了一系列风险问题。技术风险依然存在，大数据、人工智能等信息科技尚不完善且未经过一个完整经济周期的检验，是否会带来新的风险尚未可知；金融消费者个人信息被过度采集、信息泄露风险放大等问题不容忽视，金融消费者权益保护面临更严峻挑战；科技企业"跨界"提供金融服务在加速金融服务主体多元化的同时，也使得金融服务边界越发模糊，使金融风险更加隐蔽复杂，传播范围更广，传播速度更快，导致金融系统整体脆弱性增加，系统性金融风险爆发概率上升，金融监管面临挑战。鉴于此，"以科技改善监管、以科技防范风险"理应成为当前金融监管机构应对金融科技所带来监管挑战的重要路径。

赵大伟博士和袁佳博士的新书介绍了金融科技、监管科技发展的技术基础、实践应用以及由此衍生出来的数据隐私保护、数字货币等问题的理论探讨，梳理了相应的国际经验及全球最新发展态势，并就相关问题提出了作者自身的鲜明观点，是对当前金融科技、监管科技研究的有益探索和学术贡献，展现了作者在此领域的深厚研究功底，也希望两位青年学者能再接再厉，再出佳作！

孙国峰

2021 年 8 月

目　录

上篇

金融创新之"矛"
——金融科技

第一章　金融科技的内涵及表现形式

第一节　金融科技的内涵

金融科技（Financial Technology，以下简称 FinTech）是通过现代信息技术，将数据、技术和金融联结起来，并形成新的金融服务、组织和模式。2016 年，全球金融稳定理事会（Financial Stability Board，FSB）将金融科技定义为"技术带动的金融创新"，是对金融市场、金融机构以及金融服务供给产生重大影响的新业务模式、新技术应用、新产品服务等，既包括前端产业，也包括后台技术[①]。中国人民银行公布的《金融科技（FinTech）发展规划（2019—2021 年）》中将金融科技定义为"技术驱动的金融创新"。

一、金融科技涉及的主要技术类型

从技术角度看，金融科技主要包括"ABCD+I"五大类，即"A"人工智能（Artificial Intelligence），"B"区块链（Blockchain），"C"云计算（Cloud Computing），"D"大数据（Big Data），"I"互联网技术（Internet Technology）。其中，已成熟很久的互联网技术是金融科技的基础，而人工智能、区块链、云计算和大数据等都是近年来出现的新技术，都曾出现在

[①] https：//www.fsb.org/work-of-the-fsb/financial-innovation-and-structural-change/fintech/.

Gartner 发布的"新兴技术成熟度曲线"中①，随着大数据技术和云计算技术的成熟和商业化应用，以及区块链技术进入膨胀期，目前这三项技术已经不再出现在 Gartner 2019 年的"新兴技术成熟度曲线"中（见图1-1）。

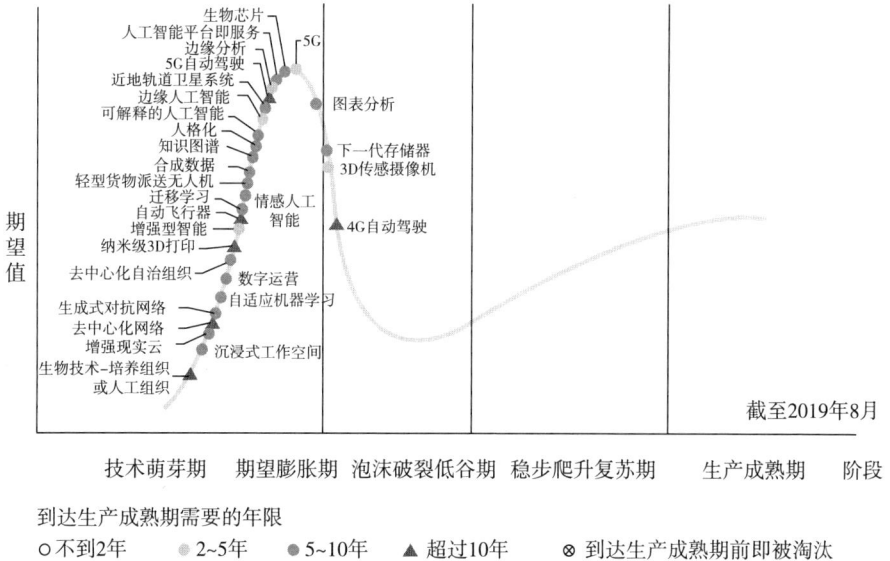

图 1-1　2019 年新兴技术成熟度曲线

（资料来源：Gartner）

从在金融领域的具体应用看，金融业发展史本身就是一部技术应用创新史，基于交易的频繁性和信息的密集性，金融与信息技术之间有着天然的高度融合属性，在科技创新应用方面，金融机构是积极推动者，也是直接受益者。金融科技可广泛应用于投融资、保险、风险管理等各个方面。据统计，2019 年全球金融科技领域融资规模约为 2015 年的 2 倍。同时，2015—2019 年，金融科技领域的中后期融资笔数占比持续上升，部分优质

---

① Gartner 每年发布"新兴技术成熟度曲线"（The Hype Cycle），提供了各种新技术、应用的成熟程度和运用情况的图表说明，根据分析和预测来推断各种新技术达到成熟所需的时间，以及这些新技术所处的发展阶段。曲线包括五个阶段：技术萌芽期（Innovation Trigger）、期望膨胀期（Peak of Inflated Expectations）、泡沫破裂低谷期（Trough of Disillusionment）、稳步爬升复苏期（Slope of Enlightenment）和生产成熟期（Plateau of Productivity）。

企业发展稳健，初具市场化规模。同期，全球金融科技采纳率从 16% 增至 60%①，显示出金融科技产品和服务供需显著增加，企业技术研发成果加快市场转化，带动金融业务日益智能化（见图1-2）。

图1-2　2015—2019 年全球金融科技各阶段融资笔数占比变化

（资料来源：CB Insights）

二、金融科技市场的参与主体

金融科技市场是一个高度动态的市场，其参与者主要有四类②：

一是初创和新兴企业，主要是指那些处于技术研发早期阶段的企业，典型的金融科技初创企业致力于尝试找出金融服务领域的"痛点"，即一些现有的解决方案做得不好或根本做不到的环节，寻求提供极致的技术补救措施，如生物识别技术和大数据服务。初创企业的商业模式，或是直接向客户提供服务（To C），或是向现有的金融机构提供外包服务（To B）。

二是大型科技公司（BigTech），是指新进入金融服务市场的大型互联网平台型科技企业，它们的初始业务领域可能是电商、社交、娱乐或电信行

① 指被调查消费者中使用两项或两项以上金融科技服务的比例。数据来源：安永（中国）企业咨询有限公司. 2019 年全球金融科技采纳率指数［R］. 2019.
② 中国财富管理50人论坛，清华大学五道口金融学院联合课题组. 平台金融科技公司监管研究［R］. 2021.

业，在业务发展过程中迅速积累了庞大的客户群体。它们从这些特定的客户关系中囤积了大量数据，在逐利的驱动下，开始寻求利用这些数据为现有客户提供金融服务的方式。大型科技公司通过算法形成对客户的选择和偏好的认知，可能比传统的金融机构丰富细致得多。最初，科技巨头可能会向金融机构出售数据，或成为金融机构的销售渠道；之后，它们会倾向于自己提供金融服务，实现流量变现。此外，这些公司通常还可以作为传统金融机构的云服务/技术服务的提供商。

三是金融机构，主要是指传统的持牌机构，在大型科技公司的竞争压力和用户行为改变的推动下，不断运用新的技术以提升金融服务的效率，改善客户的体验。传统金融机构在业务的驱动下，致力于以金融科技转型为方向，在人才队伍和技术研发上投入巨资，以适应金融科技市场的快速变局。

四是监管部门，既是金融市场的监管者，也是金融科技市场的参与者。监管部门在金融科技的基础设施建设方面具有不可推卸的责任，包括支付系统、数字货币和征信系统。监管科技（RegTech）将数字技术运用于合规监控和审慎监管，致力于实现金融监管的数字化和自动化，提高监管质量和效率。与此同时，监管部门在金融科技创新过程中，必须具备金融科技的前沿知识和拥有一支能适应技术环境快速变化的专业人才队伍。

第二节 "A"——人工智能在金融领域的应用

一、何谓人工智能

人工智能是指用计算机系统模拟人类的思维过程和智能行为（如学习、推理、思考、规划等）的科技。由于其具有工作稳定性高、能降低操作风险和道德风险、提高决策和交易效率等特点，在金融领域获得越来越多的重视。

目前，部分已成熟的人工智能技术应用，如 AlphaGo、人脸识别等，都是以解决特定问题、完成单一目的为目标的具体应用，不能同时拥有深度（能否有效解决问题）和广度（解决哪些问题）。在大部分行业，包括金融领域，人工智能的应用程度较低，人工智能技术与特定金融场景的融合还处于早期探索阶段，目前运用在金融领域的技术主要包括机器学习、语言处理、生物识别、知识图谱等。当前，传统金融机构主要是从服务智能的角度，通过购买智能金融技术服务公司产品或与科技公司合作的方式，试图提升服务效率、体验或提高用户黏性，比如智能营销、智能投顾、智能客服和智能风控等，有"智能"元素，但距离"人工智能"尚远，服务的深度还有待提高，从服务智能到决策智能还有很长的路要走（见表 1-1）。

表 1-1　互联网巨头积极寻找人工智能落地场景

公司	个人助理	搜索	无人驾驶	医疗	云服务	游戏	家居	电商	金融	车载	可穿戴设备	社交	其他行业	差异化布局
Google	√	√	√	√	√	√	√			√	√	√		全面发力
Microsoft	√	√			√									关注通用技术，以及利用人工智能技术提升微软系列产品的用户体验
Apple	√		√			√				√	√			利用人工智能技术提升苹果系列产品的用户体验
Amazon	√				√		√	√		√	√	√		重点关注智能家居、云服务、电商及传统零售业的改造

公司	个人助理	搜索	无人驾驶	医疗	云服务	游戏	家居	电商	金融	车载	可穿戴设备	社交	其他行业	差异化布局
Facebook	√	√										√		利用人工智能技术，提升 Facebook 系列应用的用户体验
百度	√	√	√	√	√				√	√			√	全面发力
腾讯	√	√		√	√	√						√		打造基于用户体系的软硬件服务型人工智能生态，重点关注社交、家居、游戏、医疗等领域
阿里巴巴				√	√		√	√	√				√	以阿里云为基础的人工智能蓝图，重点关注电商、金融及其他传统行业（工业、交通、零售等）

资料来源：中国信通院安全研究所．人工智能标准化白皮书（2018 版）［R］．2018.

二、人工智能在金融领域的应用

金融智能化是金融科技创新发展的必然趋势，以人工智能为核心的金融智能化代表了更高的生产效率和更广的生产要素内涵，是金融科技发展的高级形态和必然方向。人工智能产业链包含基础层、技术层、应用层三个层面（见表1-2）。基础层的大数据、云计算等细分技术可应用于征信、保险、支付等金融细分领域；技术层的机器学习、神经网络与知识图谱可应用于金融领域的智能投顾、智能量化交易、征信反欺诈等领域，计算机视觉与生物识别技术可应用于金融领域的身份识别等领域，语音识别及自然语言处理可应用于金融领域的智能客服、智能投研等领域；应用层的认知智能可应用于金融领域的智能风控等领域。同时，金融领域应用人工智能技术也具有先天优势。一方面，由于金融行业是全球大数据积累最多的行业之一，银行、证券、保险等业务本身就是基于大数据开展的，因此，运用跨平台、超大规模信息通信和整合技术，有助于人工智能在金融行业的应用和发展。另一方面，在计算机、互联网等技术快速发展的背景下，数据挖掘、图像识别、自然语言处理、语音识别以及声纹识别的主流人工智能技术越来越成熟。

表 1-2　人工智能在金融行业的典型应用情况

人工智能产业链	相关技术	应用领域	应用模式	应用趋势
基础层	大数据	智能营销	通过用户画像和大数据模型精准寻找用户，在可量化的数据基础上分析消费者个体消费模式和特点，以此来划分客户群体，精确找到目标客户，进行精准营销和个性化推荐	数据技术是金融行业未来发展的核心方向，依托数据技术发展的精准营销将取得更大发展，依托精准营销的更多个性化服务和产品将会大量涌现
技术层	机器学习、知识图谱和自然语言处理	征信反欺诈	对各种结构化、非结构化数据运用知识图谱、深度学习等技术进行整合，分析上下游企业、竞争对手、母子公司的情况，发现可能存在的欺诈点	随着大数据和人工智能技术的融合应用，征信反欺诈技术在金融征信领域的应用将越来越广
		智能投顾	根据投资者的风险偏好、财务状况等，运用大数据、智能算法及投资组合理论，为客户提供智能化的投资理财服务	随着算法技术的突破和应用的发展，以及智能投顾相对人工服务的成本优势，智能投顾的应用会逐步拓展，其标准化服务将使更多中小客户享受到专业的投顾服务
		智能量化交易	量化交易是通过对财务数据、交易数据及市场数据进行建模，分析显著特征，利用回归分析方法等算法制定交易策略，智能量化交易引用机器学习、自然语言处理、知识图谱等人工智能技术，处理更大数据维度和更多模型变量的数据，解决复杂金融投融资问题	智能量化交易是人工智能在金融领域应用的热点，未来发展空间巨大

续表

人工智能产业链	相关技术	应用领域	应用模式	应用趋势
技术层	计算机视觉与生物识别	身份识别	利用人脸识别、指纹识别、虹膜识别等生物识别技术，提取客户身份特征，对客户身份进行交易辅助认证	随着人脸识别技术的成熟度提高，身份识别将同时成为互联网金融机构和传统金融机构交易过程中的主要身份认证形式
	语音识别和自然语言处理	智能客服	主要利用语音识别、自然语言处理、知识图谱等技术，掌握客户需求，自动获取客户特征和知识库等内容，帮助快速解决客户问题	在人工智能各领域逐渐被广泛采用，降低企业成本，技术具有可实践性，但目前智能客服还处于弱人工智能阶段，仍需要大量人力参与
		智能投研	利用自然语言处理及光学字符识别（Optical Character Recognition, OCR）技术将数据、信息、决策进行整合，实现数据的智能化关联，辅助甚至自动撰写投行及证券研究业务中固定格式的文档	目前智能投研处于自动化向智能化转型阶段，随着非结构化数据分析技术的发展，未来智能投研的应用将会加强
应用层	认知智能	智能风控	利用"大数据+人工智能技术"建立信用风险评价模型，关联知识图谱，建立用户个人信用精准图像，对风险进行有效识别、预警、控制，提高风险管理能力	智能风控一定程度上突破了传统风控的局限，随着金融核心数据的逐步完善，智能风控公司将由起步发展向更加成熟的阶段迈进

三、人工智能的金融应用原则

随着人工智能时代的到来，如何引导人工智能在经济金融领域的安全合规应用已成为国际社会面临的共同课题，目前国际社会在伦理道德、技术安全等方面初步形成基本共识：一是应符合人类社会价值观与伦理道德，不破坏既有社会体系、结构与制度；二是能够解释有关系统输出和决策逻辑，使外界充分理解人工智能系统并修正错误决策；三是应用主体能够对人工智能系统决策承担责任，系统运行过程及结果可被追溯并接受持续监督；四是人工智能系统使用的数据具备准确性、完整性、适时性和一致性。例如，2019 年，美国在《国家人工智能研究和发展战略计划》最新修订中提出，要建立健康且值得信赖的人工智能系统，包括改进公平性、透明度和涉及责任机制，增强可验证性，确保系统免受攻击并能长期优化等。英国也提出要把道德伦理置于核心位置，确保人工智能更好地造福人类。欧盟委员会于 2019 年发布的《可信人工智能道德准则》要求应用人工智能时应尊重人类自治原则，预防对人类产生伤害，人工智能系统的开发、部署和使用必须公平，且该系统必须具备可解释性。[①] 经济合作与发展组织（Organization for Economic Co-operation and Development，OECD）在 2019 年发布的《人工智能原则》，确定了五个互补的基于价值观的原则：强调包容和可持续增长；尊重法治、人权、民主价值观和多样性，必要时允许人类干预，以确保社会公平和公正；并提出透明性和负责任的披露、稳健、安全和可靠，并应持续评估和管理潜在风险等。[②] 2017 年，中国国务院发布了《新一代人工智能发展规划》，深刻认识到人工智能发展的不确定性，及其在就业结构、冲击法律与社会伦理、侵犯个人隐私、挑战国际关系准则等问题的冲击，将对政府管理、经济安全和社会稳定乃至全球治理产生深远影响。因此，规划提出在大力发展人工智能的同时，必须高度重视可能带来的安全风险挑战，加强前瞻预防与约束引导，最大限度地降低风险，确保人工智能安全、可靠、可控发展。[③]

目前，人工智能仍处于不断发展过程中，其在金融领域更大规模的应用落地客观上面临着数据、成本、安全、人才等障碍，而且由于存在技术黑箱、算法共振、算法歧视、数据依赖度高等情况，人工智能在金融领域

---

① European Commission, Ethics Guidelines for Trustworthy Artificial Intelligence, April 2019.

② OECD Council Recommendation on Artificial Intelligence, https：//legalinstruments. oecd. org/en/instruments/OECD-LEGAL-0449.

③ 《国务院关于印发新一代人工智能发展规划的通知》（国发〔2017〕35 号），2017 年 7 月 8 日。

的不当应用可能引发责任边界模糊、市场羊群效应、金融排斥、隐私泄露等风险。同时，随着人工智能的使用越来越多，人工智能对金融机构内部（核心）流程的影响也越来越大，随之而来的可能是运营、审慎和声誉风险。因此，相较于人工智能的国际通用原则，人工智能在金融领域应用的原则更注重安全可控、可问责、可解释，更强调金融数据获取、处理与隐私保护方面的合规性，同时注重结合金融业务特点，对上述领域的要求更加细致落地。

第三节 "B"——区块链在金融领域的应用

一、区块链技术及特点

2008 年，中本聪在论文《比特币：一种点对点的电子现金系统》中首次提出区块链的概念。[①] 论文指出，区块链技术是构建比特币数据结构与交易信息加密传输的基础技术，该技术实现了比特币的挖矿与交易。中本聪认为：第一，借助第三方机构来处理信息的模式拥有点与点之间缺乏信任的内生弱点，不能完全规避欺诈行为；第二，中介机构的存在，增加了交易成本，限制了实际可行的最小交易规模；第三，数字签名本身能够解决电子货币身份问题，如果还需要第三方支持才能防止双重消费，则系统将失去价值。基于以上三个问题，中本聪在区块链技术的基础上，创建了比特币。

区块链本质上是一种去中心化的数据库和基于共享理念的分布式账本，是一串使用密码学方法相关联产生的数据块，每个数据块中都存储着一次

---

① Satoshi Nakamoto, Bitcoin: A Peer-to-Peer Electronic Cash System, https: //bitcoin. org/bitcoin. pdf.

交易信息，用于验证信息有效性并生成下一个数据块。区块链在隐匿交易者身份信息的基础上，将所有发生的交易加盖时间戳后在全网发送，更新所有节点的账本副本，同时通过全网实时广播的方式让所有节点共同验证交易信息的有效性，形成无须第三方干预的"共识"机制。区块链目前分为三类。一是公共区块链（Public Blockchain），以下简称"公链"，是指全世界任何人都能发送交易、都可读取、参与共识过程[①]，且交易能获得有效确认的区块链。作为中心化或者准中心化信任的替代物，"公链"的安全由采取工作量证明机制或权益证明机制的"加密数字经济"[②]维护，且通常被认为是"完全去中心化"的。二是私有区块链（Private Blockchain），以下简称"私链"，是指仅使用区块链的总账技术进行记账，其写入权限仅在一个组织手里的区块链。"私链"与其他的分布式存储方案没有太大区别，最显著的特点可能是只有一个组织机构能控制其写入权限，并且对其读取权限、查询交易的进度等都进行了限制。三是共同体区块链（Consortium Blockchain），是指其共识过程受到预选节点控制的区块链，由某个群体内部指定多个预选的节点为记账人：每个块的生成由所有的预选节点共同决定（预选节点参与共识过程），其他接入节点可以参与交易，但不过问记账过程，其他任何人可以通过该区块链开放的应用程序接口（Application Programming Interface，API）进行限定查询。例如，一个由 20 个机构组成的共同体，每个机构都运行着一个节点，而且为了使每个区块生效，需要获得其中一半机构的确认；而读取权限区块链可以赋予每个人，或者只赋予参与者，或走混合型路线。这些区块链可视为"部分去中心化"（私有区块链和共同体区块链可以认为是广义的私有区块链）。

区块链技术具有以下特点。一是分布式记账，即去中心化。分布式记

---

① 共识过程决定哪个区块可被添加到区块链中和明确当前状态。

② "加密数字经济"将经济奖励和加密数字验证结合了起来，并遵循着一般原则：每个人从中可获得经济奖励，奖励与对共识过程作出的贡献成正比。

账是一种基于共享理念的技术，区块链上的每一个节点都是对等的，所有的交易都是在既定交易规则约束下进行的，无须第三方进行管理、仲裁或提供信任，且任何节点的增加或减少都不会影响区块链的正常运行。交易信息不是存储在某些特定的服务器或中心节点上，而是在每一个节点之间共享，当交易发生时，每一个节点都可能成为区块链上临时的中心，实现全网所有节点之间"点对点"直接交易。区块链分布式、去中心化的特点使交易更加便捷、低成本，一定程度上能降低"中心"带来的信息不对称和信息安全风险。① 二是共识机制，即信息不可篡改。通过设置公钥和私钥，区块链上的每一个节点都可以验证账本的完整程度和真实可靠性，确保所有交易信息是没有篡改、真实有效的，对账本上记载的交易信息形成"共识"；区块链上每一个节点都保存着所有交易信息的副本，当区块链上的数据和参与者数量非常庞大时，修改信息的成本将会非常高，至少需要掌握全网51%以上的运算能力才有可能修改信息，修改成本可能远超预期收益；在某些极端情况下，即使部分节点的信息被恶意篡改，区块链上其他节点也会在短时间内发现这些未形成"共识"的信息并进行维护和更新，那么修改将不具有任何意义，故理论上区块链上的交易信息是不可篡改的。三是交易可查询，即透明公开和信息安全。区块链是一种公开记账的技术，在记录交易的同时能保证每个节点实时同步交易数据，保障所有节点的知情权。与此同时，区块链也能保障参与者信息不被他人窃取，信息可查询也仅限于交易数据，而参与者个人信息则是隐匿的，这保障了参与者在完成交易的同时不会受其他信息的干扰。

目前，区块链技术正处在加速演进成熟过程中。作为一种技术集成创新，区块链技术的功能架构已趋于稳定，数据库、P2P 对等网络、密码学算

---

① "中心"机构（或中介）作为关键节点存在，使其成为参与者完成交易的必要条件，掌握参与者的信用状况和交易信息，拥有资源价格的决定权，事实上履行了资源再分配职能，也隔断了交易者之间信息、资源的流通。

法等基础组件技术已较为成熟，但区块链处理效率尚难以达到现实中一些高频度应用环境的要求，难以满足高频次和复杂的商用计算，这对账本、共识等提出了存储、可扩展等方面的新要求。此外，区块链技术的安全性、隐私保护、互操作性、链上存储可扩展性等技术尚处于发展探索中，目前没有表现出比传统中心化解决方案更优越的性能。Gartner 在 2019 年区块链技术成熟度曲线中指出，分布式账本将在 2 年内达到生产成熟期，区块链、共识机制、智能合约等还需要 2~5 年，零知识证明、区块链互操作性等则尚需 5~10 年。

二、区块链技术在金融领域的应用

区块链在金融领域应用潜力巨大，前景广阔。区块链技术具有分布式、多方共识、跨链式结构等特性，适用于供应链金融、贸易金融、支付结算、数字票据、保险核保理赔、资产证券化等存在多方交易且信任基础较弱的场景，有助于改善金融资源配置效率、降低金融交易成本。在我国，区块链技术在供应链金融、金融数据共享和金融信息存证等场景中已开始落地。

第一，贸易金融与供应链金融。贸易金融、供应链金融是横跨多个主体、多个环节的复杂场景，涉及行业面广、交易链条长，需要彼此之间互信共享。区块链具有链上信息难篡改、可追溯等特点，可以在信息存证、辅助凭证拆分流转、智能合约自动执行等方面，提高信息篡改难度，实现核心企业信用多级穿透，降低人工操作风险，有助于解决贸易金融、供应链金融部分业务环节痛点。国际层面，巴克莱银行、汇丰银行等多家金融机构都探索了区块链技术在信用证方面的应用，IBM 与多国银行合作开发了区块链贸易融资平台。国内层面，区块链在金融领域的应用也在迅速发展，已形成了一些落地案例。例如，2018 年 9 月，中国人民银行开发的贸易金融区块链平台是区块链技术在供应链金融领域的有效尝试，该平台是基于区块链技术的开放、可信、安全、标准、合规、高效、公益、共享的贸易金融资产登记、托管、交易和流转平台，已陆续上线"应收账款多级融资""对外支付税务备案表""国际贸易账款监管"三个应用场景，为赋能中小企业、服务实体经济发挥了积极作用。在平台上，若资料齐全，从客户提交贷款申请到银行完成放款，操作时长只需 20 分钟，大大缩短了融资时间，提升了融资效率，降低了中小企业融资成本。这是区块链在供应链金融领域的落地，是基于区块链的供应链金融创新的重大实践成果。

第二，支付结算领域。理论上的区块链支付为交易双方直接进行，不涉及中间机构。如果基于区块链技术构建一套通用的分布式银行间金融交易协议，为用户提供跨境、任意币种实时支付清算服务，则跨境支付将会变得便捷和成本低廉。目前，全球主要的大型银行和金融集团通过加入 R3 区块链联盟，制定了可交互结算的标准，IBM 等大型公司还推出了基于区块链技术的跨境支付服务。同时，一些区块链初创企业和合作机构也开始提出一些全新的结算标准。

第三，数字票据。数字票据是将区块链技术和票据属性、法规、市场相结合开发出的一种全新的票据展现形式，与传统电子票据体系的技术架构完全不同。数字票据融合了区块链技术的优势，成了一种更安全、更智能、更便捷、更具前景的票据形态。数字票据的核心优势主要表现在以下几方面。一是有效防范票据市场风险。区块链由于具有不可篡改的时间戳和全网公开的特性，一旦交易，将不会存在赖账现象，从而避免了纸票"一票多卖"、电票打款背书不同步的问题。二是实现票据价值传递的去中介化。在传统票据交易中，票据中介往往利用信息差进行撮合；借助区块链实现点对点交易后，票据中介将失去中介职能，重新进行身份定位。三是规范市场秩序，降低监管成本。区块链数据前后相连构成的不可篡改的时间戳，使监管的调阅成本大大降低，完全透明的数据管理体系提供了可信任的追溯途径，并且可以在链条中针对监管规则通过编程建立共用约束代码，实现监管政策全覆盖和硬控制。四是系统的搭建和数据存储不需要中心服务器，省去了中心应用和接入系统的开发成本，降低了传统模式下系统的维护和优化成本，减少了系统中心化带来的风险。

三、区块链技术在金融领域应用的问题与挑战

第一，技术层面。区块链技术通过大量冗余数据和复杂共识算法提升安全可信水平，金融业务需求增加将导致系统处理量更大幅度的增加，并加剧参与节点在信息存储、同步等方面的负担，在现有技术环境下可能导致系统性能和运行效率下降。例如，区块链在供应链金融的应用方面，主要可实现信息存证、辅助凭证拆分流转、智能合约自动执行等方面，但很难验证上链信息的真实性，资产验证尚不能完全摆脱人工，特别是供应链金融业务涉及多个主体与环节，若产生纠纷，取证和验证存在较大困难。此外，由于链协议技术尚未成熟，且各链之间没有统一的标准，难以实现广域、高频、复杂的连接，跨链交互业务难以开展。

第二，业务层面。各大机构"各自为链"，有技术和资金实力搭建区块链平台的企业一般处于强势地位，企业间竞争转移到链与链之间的竞争，数据壁垒明显，容易形成新的信息孤岛。同时，区块链的重复建设与信息独享造成大量资源浪费。

第三，法律监管层面。目前区块链上的资产和智能合约等方面的法律有效性界定不清晰，发生纠纷时难以寻求法律救济，且分布式体系进一步提高了责任主体认定难度。与此同时，多数区块链体系高度自治且数据加密，在缺乏必要权限的情况下，违规开展金融业务的行为和潜在风险较大。

第四节 "C"——云计算在金融领域的应用

一、云计算及其特点

"云"是网络、互联网的一种比喻说法，过去往往用云来表示电信网，后来也用来抽象地表示互联网和底层基础设施。美国国家标准与技术研究院（National Institute of Standards and Technology，NIST）对云计算的定义是：云计算是一种模式，这种模式提供可用的、便捷的、按需的网络访问，进入可配置的计算资源（资源包括网络、服务器、存储、应用软件和服务）共享池，只需投入较少的管理工作或与服务供应商进行很少的交互，就可以快速提供这些资源。① 云计算拥有每秒高达 10 万亿次的运算能力，可以模拟核爆炸、预测气候变化和市场发展趋势等。

云计算具有以下基本特征。一是按需服务。视客户需要，可以从每个服务提供商那里单方面地向客户提供计算能力，包括提供应用程序、数据存储、基础设施等资源，可根据用户需求自动分配资源，而不需要系统管理员干预。二是广泛的网络访问。用户可以利用各种终端设备（如 PC 电脑、笔记本电脑、智能手机等）随时随地通过互联网访问云计算服务。三是资源共享。云计算提供商提供的计算资源以共享资源池的方式统一管理，利用虚拟化技术，将资源分享给不同用户，资源的放置、管理与分配策略对用户透明。所谓的资源包括存储设备、数据加工、内存、网络带宽等。四是弹性服务。服务的规模可快速伸缩，以自动适应业务负载的动态变化。用户使用的资源同业务的需求相一致，避免了服务器性能过载或冗余而导

---

① Peter Mell, Timothy Grance, The NIST Definition of Cloud Computing - Recommendations of the National Institute of Standards and Technology, NIST Special Publication 800-145, September 28, 2011.

致的服务质量下降或资源浪费。五是服务可计费。云系统可监控用户的资源使用量，并根据资源的使用情况对服务计费。以上五个特征使用户可通过云计算存储个人电子邮件、存储相片、从云计算服务提供商处购买音乐、储存配置文件和信息、与社交网站互动、通过云计算查找驾驶及步行路线、开发网站，以及与云计算中其他用户互动，处理生活、工作等事务更加便捷快速。

二、云计算在金融领域的应用

金融云是指面向金融机构（银行、证券、保险、信托、基金、金融租赁、互联网金融等）的业务量身定制的集互联网、行业解决方案、弹性 IT 资源于一体的云计算服务。它利用云计算的一些运算和服务优势，将金融业的数据、客户、流程、服务及价值通过数据中心、客户端等技术手段分散到"云"中，以改善系统体验，提升运算能力，重组数据价值，为客户提供更高水平的金融服务，并同时达到降低运行成本的目的。

具体而言，云计算对金融领域的重要作用体现在以下几方面。一是可有效降低金融机构 IT 成本。云计算通过虚拟化技术将物理 IT 设备变成虚拟资源池，以整个资源池的能力来满足金融机构算力和存储的需求，可有效提高单位 IT 设备的使用效率，降低单位信息化成本。在性能相同的情况下，云计算架构的性价比远高于以大型机和小型机作为基础设施的传统金融架构。二是具有高可靠性和高可扩展性。传统金融架构强调稳定性，扩展能力相对较差。很多金融信息系统只能纵向扩展，不能实现更加灵活的横向扩展。云计算可以通过数据多副本容错、计算节点同构可互换等措施，有效保障金融企业服务的可靠性。同时，云计算支持通过添加服务器和存储等 IT 设备实现性能提升，快速满足金融企业应用规模上升和用户高速增长的需求。三是运维自动化程度较高。主流的云计算操作系统都设有监控模块，通过统一的平台管理金融企业内服务器、存储和网络设备，进而显著提升企业对 IT 设备的管理能力，有助于实现精益管理。四是可帮助金融机构通过统一平台，承载或管理内部所有的信息系统，消除信息孤岛，实现内部数据的集中化管理。

2008 年国际金融危机以来，云计算在金融业得以广泛运用。为应对经济环境和市场的不断变化，尤其是很多电子商务公司和 IT 公司对传统金融业务的冲击，传统金融机构也开始利用新的金融科技帮助进行金融业务创新、提升金融服务水平等。许多金融机构已经开始对云计算技术、业务以及战略进行多方面的探索。金融业上云，不仅能充分利用云计算平台的超强计算能力，节省服务器等硬件资源的一次性投入成本和 IT 运维人员的投入费用，更重要的是，上云后的业务系统可以更为高效地利用互联网上的各种云服务资源，通过将高成本、非核心的外围系统或者同质化的基础金融服务借助互联网实现业务外包，使自己专注于核心金融业务持续创新以及运营管理。

第五节 "D"——大数据在金融领域的应用

一、数据的定义与特点

何谓大数据？对于"大数据"，不同机构的定义不尽一致，著名信息技术研究机构 Gartner 认为，"大数据"是需要新处理模式才能具有更强的决策力、洞察发现力和流程优化能力来适应海量、高增长率和多样化的信息资产。麦肯锡全球研究所认为，"大数据"是一种规模大到在获取、存储、管理、分析方面大大超出了传统数据库软件工具能力范围的数据集合，具有海量的数据规模、快速的数据流转、多样的数据类型和价值密度低四大特征。2015 年 8 月，《国务院关于印发促进大数据发展行动纲要的通知》中，将大数据定义为"以容量大、类型多、存取速度快、应用价值高为主要特征的数据集合，正快速发展为对数量巨大、来源分散、格式多样的数据进行采集、存储和关联分析，从中发现新知识、创造新价值、提升新能力的新一代信息技术和服务业态"。

从技术上看，大数据与云计算的关系就像是一枚硬币的正反面。大数据技术的产生和发展，需要运用超大样本量的海量数据，需要消耗更多的 IT 资源。云计算的运用，解决了处理海量数据的性能瓶颈问题。

大数据技术具有以下特点：一是数据分析量大。首先要明确，大数据并非一定指的是数据量大的数据，传统信息系统生成的"小数据"也是大数据分析的重要组成部分。目前，大数据的数据源主要集中于互联网、物联网和传统信息系统三个渠道，其中物联网数据的比例相对较大。二是数据分析结构复杂多样。其数据类型包括结构化数据、非结构化数据和半结构化数据，对传统数据分析技术提出巨大挑战，这也是大数据技术兴起的重要原因。三是数据价值密度相对较低。相较于传统信息系统，大数据中的数据价值密度相对较低，需要更快、更方便的方式来完成数据值提取过程，这也是当前大数据平台所关注的核心竞争力之一。四是数据增长速度快。传统信息系统的数据增量一般是可预测或可控的，但大数据时代，数据增长率远超传统数据，处理能力已经超过自身的极限。数据增长是一个相对的概念。

二、大数据在金融领域的应用

大数据金融是指利用大数据技术，将海量数据通过互联网、云计算等信息化方式加以处理，结合传统金融业务，开展资金融通，创新金融服务方式。在实际中，虽然传统金融机构沉淀了很多支付流水数据，但是各部门业务分割导致很多大数据未得到充分有效利用。随着越来越多的互联网企业基于其掌握的技术和用户资源，成为开展大数据金融业务的领头羊，传统金融机构也开始加大对内部数据的整合力度，开始利用大数据技术拓展业务并开展个性化金融服务。基于大数据的深度分析挖掘，金融机构可以更了解客户，清楚认识到客户所处的生命阶段、财富阶段，从单纯捕捉客户金融行为向捕捉社交行为、生活行为转变，掌握全量客户数据，从而绘制客户动态的金融画像。同时，应用人工智能认知模型，加速多角度客群分类，不拘泥于现有的客群划分标准，对客户进行细颗粒度聚类分群，创生出前所未有的客群分类，从而制订更精确的产品渗透方案、金融资产配置方案和增值服务个性化方案等，实现差异化综合金融服务。

平台金融模式。平台金融模式是指平台企业利用自身掌握的大数据，通过互联网、云计算等信息处理方式对数据进行专业挖掘，再与传统金融服务相结合，为平台企业提供资金融通、结算等服务。平台金融模式依赖自身的交易平台，以及在交易过程中产生的数据，这些数据是平台挖掘客户需求、分析和了解客户、为客户提供金融服务的根基。金融是经营风险的活动，信用评估是控制风险的核心。在平台金融模式中，平台方通过对交易数据进行数据挖掘，能快速进行信用评价、提供授信服务，并且基于大数据的信用评估比传统方法更精确，能有效解决风险控制的问题，降低坏账率。

供应链金融模式。供应链金融模式指供应链条中的核心企业依托自己的产业优势地位，通过对上下游企业的现金流、订单、购销流水等大数据的掌控，利用自有资金或者与金融机构合作，对上下游合作企业提供金融服务。供应链金融模式最早起源于 19 世纪的荷兰，到 20 世纪末期逐渐成熟。供应链金融的起因是在一个完整的供应链条中，处于各个节点的企业资金状况良莠不齐，某个节点的资金匮乏可能会影响整个供应链条的效率。依托于一个实力雄厚的核心企业，为整个供应链参与者提供金融支持和服务，能满足产业链的协调发展。传统的供应链金融只针对某个特定产业的产业链条，现代供应链金融依托互联网、大数据技术，能够涵盖的范围更加广泛。例如，京东通过自己掌握的各个类别、各个行业、各个地域关联企业的海量交易数据，利用数据挖掘评价企业信用、资金运用状况，以未来收益的现金流作为担保，获得银行授信，为供货商提供金融支持和服务。在京东的供应链金融模式中，京东与银行和供应商实现了双向绑定。供应商必须与京东长期合作，才能有长久的支付、物流业务，才能有京东的授信服务，从而获得贷款，而银行业要实现对企业快速、精准的信用评价，也需要依赖京东的大数据。京东通过与供应商和银行的两头合作，整合了物流、信息流、资金流，实现了三方共赢。

第二章　金融科技对传统金融业态的影响

金融科技对传统金融业态的影响，主要是指传统金融机构利用金融科技手段进行的业务创新，即传统金融机构通过运用信息技术、大数据、人工智能等技术，来优化业务模式、改造业务流程、提升业务效率、降低业务成本，从而提升盈利空间。同时，大数据、人工智能、分布式记账等技术在金融领域的应用愈加成熟，催生出一批新的金融科技业务模式、产品和服务，深刻地影响着金融服务供给的方式，为金融发展提供新的创新活力。

第一节　金融科技与银行业发展

一、金融科技对银行业的影响

银行是科技密集型行业，银行业发展与科技创新密切相关。近年来，以人工智能、大数据、云计算、区块链等为代表的新兴技术，促进传统银行业加快金融产品、服务模式、获客渠道等多方面的创新，同时也对银行业的盈利产生巨大冲击。

1. 金融科技对商业银行的机遇

在其他投入要素不变、保持原有的经营模式和组织管理架构的情况下，依靠金融科技投入能够开辟新市场，带来展业方式革新，节约银行内外部沟通协调成本，将直接提升银行经营绩效和效率。如果金融科技所带来的业务模式和沟通协调效率变化，伴随银行在组织架构、人力资本和业务流程等方面作出调整变革，使要素间的协同互补性得以增强，将进一步提升银行的经营绩效，形成金融科技投入的间接生产率回报。中国人民银行于 2019 年 8 月发布的《金融科技（FinTech）发展规划（2019—2021 年）》指出金融科技能够"推动金融机构在盈利模式、业务形态、资产负债、信贷关系、渠道拓展等方面持续优化，不断增强核心竞争力，为金融业转型升级持续赋能"。具体而言，不同金融科技手段对商业银行创新发展的影响表现在以下几个方面。

第一，大数据技术的深入发展能够转变商业银行的经营思维模式。在金融企业利用互联网平台拥有大量客户数据的同时，商业银行若想设计出更加符合客户需求的金融产品，就必须利用大数据分析进行深度挖掘，了解客户需求、划分客户类型、优化客户服务。通过大数据技术改变以往线下审核、抵押担保等风控手段，直接通过整合多方数据形成用户画像，形成个性化定价，然后迅速放款。同时，大数据分析有助于商业银行较为准确地研判业务发展趋势，尽早采取干预措施，趋利避害，增强盈利能力，实现业务良性发展。此外，商业银行还可利用大数据技术构建风险监控系统，对信贷交易进行监控，压减欺诈行为的发生概率，有效防范授信风险。

第二，区块链技术有助于进一步优化商业银行业务流程。区块链具有的去中心化及去信任等重要特征，有助于简化商业银行实时交易的中间环节、缩短业务流程，特别是在跨境支付结算、数字票据和信贷领域可以进行广泛应用。通过区块链技术可以构建一套规模大、成本低的信息网络，为商业银行开创新的商业模式方面提供有力技术支持，同时有助于减少潜在支出。

第三，云计算可进一步推动商业银行实现资源优化。商业银行通过构建云计算平台，对各类信息资源进行整合梳理，进而实现数据共享、管理及统一调度。商业银行还可通过云平台将信息资源和企业资源计划（Enterprise Resource Planning，ERP）系统租赁给其他金融机构，帮助金融机构合法获得相关企业详细的财务信息，对企业授信风险进行评估。

第四，人工智能技术有助于提高商业银行的金融服务质量。商业银行可通过智能化服务更深入地了解客户、满足个性化需求、改善客户体验，这将成为考验银行服务能力的关键，也是银行未来的核心竞争力之一。例如，智能识别能快速辨别客户身份，智能机器人等能够回答客户的业务咨询、完成查询、办卡等基础工作，在提高工作效率方面起到巨大作用。

2. 金融科技对商业银行竞争格局的影响

传统意义上，商业银行的网点作为主要业务承载渠道和直面广大客户的窗口，其数量多寡直接决定了其获客能力、揽储能力和信贷能力，同时在金融服务、客户营销、业务咨询、文化展示等方面也发挥着重要的作用，是银行做大规模、提高市场占有率和竞争力的基础。随着金融科技在银行的普及，传统的商业银行网点功能不断弱化，原有定位也日趋淡化，网点服务职能正悄然变化，以轻型化、智能化、融合化为特点，各家商业银行纷纷利用金融科技启动网点智慧化转型探索实践。事实上，金融科技对商业银行网点的影响，仅仅是其影响商业银行竞争格局的一个缩影。长期以来，关于信息技术对银行业竞争的影响一直存在分歧。Hauswald 和 Marquez（2003）研究发现，信息技术对于银行业竞争存在双重效应：一方面能够提高商业银行的信息处理能力，掌握信息技术的银行市场势力增强，从而降低银行业竞争；另一方面，信息技术又使得数据信息能够在行业内广泛传播与共享，为银行创造更为公平的市场环境，从而降低少数银行的市场势力，促进银行业市场竞争①。世界银行（2016）也认为数字化技术对产业竞争存在双重效应：一方面可以通过降低边际成本，实现规模经济并形成自然垄断，从而不利于市场竞争；另一方面，数字化技术可降低市场进入壁

---

① Hauswald, R. B. H. , & Marquez, R. S. , Information Technology and Financial Services Competition［J］. Review of Financial Studies, Vol. 3, No. 16, 2003, pp. 921-948.

垒，从而提高市场竞争水平①。由此可见，金融科技对银行业竞争也存在上述两种不同的效应，而在大型科技公司进入金融业的背景下，银行业的竞争更为激烈，生存环境更为严峻。一方面，来自金融行业内部机构的竞争加剧；另一方面，互联网金融企业凭借极佳的客户体验和更低的运营成本，迅速抢占银行市场份额。

专栏 2-1　新加坡银行业的自我革命

新加坡银行业推进自我革命，金融科技公司逐步从为消费者服务转向为银行提供数字服务。星展银行重新设计大部分后台技术，将超过80%的计算能力从笨重的大型机转移到云端，并于2017年在印度推出主要针对年轻人的移动银行Digibank，该银行2018年进入印度尼西亚，目前在上述两国拥有290万客户，获客成本为8~10美元/次，远低于线下获取一个客户所需的60~70美元；大华银行（United Overseas Bank, UOB）正在创建一家数字银行，在泰国推出一家面向千禧一代的移动银行——Tmrw，并成立了一个"客户参与实验室"，主要职责是利用行为洞见和人工智能研究客户的银行习惯和需求。新加坡金融监管局支持这些银行的自我革命，希望传统银行处于有利地位，能够在即将到来的竞争中生存下来。新加坡金融监管局督促银行升级软件、转向云端、构建金融科技风格的服务，并致力于创造公平的竞争环境，促使传统银行能够与金融科技公司等未受监管的实体开展竞争。目前，这些监管政策已经产生预期效果，即新加坡的金融科技公司已逐步从为消费者提供服务转向为银行提供数字服务。

资料来源：The Economist, Tech's Raid on the Banks, Friday, May 3, 2019.

---

① World Bank. World Bank Development Report: Digital Dividends [R]. Washington, DC: World Bank, 2016.

二、开放银行的发展、前景与挑战

开放银行（Open Banking）是在一系列网络、信息、人工智能技术支撑下，遵循开放、共享、共赢的发展理念，以场景为驱动，以构建和融入生态为目标，通过标准化数字接口与各行各业互通互联，建立的一套新的业务与技术融合体系。开放银行本质是在优化银行自身技术架构、交互方式、运营风控的基础上，为用户提供无感、无缝、无界的金融服务，是金融科技在银行业综合展现的重要形式之一，已逐步成为全球银行业转型的重要方向。开放银行的潜在好处包括改善客户体验、创造新的收入来源、提高金融服务覆盖面及包容性等。同时，开放银行有利于促进银行和非银行之间的创新和竞争，但也可能带来一个全新的金融服务生态系统，其中银行的角色可能发生显著变化。

1. 开放银行的发展背景

目前，数据已被各国视为一种重要生产要素和战略资源，开放数据的重要性和经济影响被越来越多的国家所承认，而且随着数据量的迅猛增长，数据开放的需求也逐步从政府走向市场。银行是金融数据最主要的持有者，因此某种程度上开放银行数据也可视为在整个开放数据大背景下的一个具体行业切入点。同时，近年来 API 技术①的兴起使各类企业的资源得到有效利用，促成了新的 API 经济模式。不同类型的企业可将自身拥有的数据、服务和业务能力，在不涉密的前提下，以 API 的形式开放给生态

---

① API 本质是一些预先定义的函数，目的是给予开发人员基于某软件或硬件得以访问一组编程的能力，并且无须访问源代码或理解内部工作机制的细节。作为供应方的企业/个人可以将自己特定的技术服务以 API 的形式开放出来供需求方企业/个人按照参数调用接口，从而使不同技术在业务逻辑和数据的基础上相互黏合，最终达到数据流通和共享的目的。API 可以分为内部 API、伙伴 API 以及开放 API。其中，开放 API 以使用者为中心，其应用模式是借助广大的第三方力量不断丰富和完善应用，进而提高用户黏性，提升用户的参与度和耦合度，从而逐渐构建起一个应用生态。

系统各参与方，并实现业务能力互联互通、参与方共生共赢的新的价值网络。这个价值网络将实现以客户需求为中心来组织各类资源（设计公司、供应商、经销商、企业、售后服务机构、金融机构等）加入，形成平台式的互联网连接模式。API 经济模式也为金融机构获得互联网业务能力、捕捉互联网用户需求、融入互联网生态提供了更为快速和灵活的途径。例如，早在 2012 年，API 就为互联网巨头们带来非常可观的经济效益：美国软件服务提供商 Salesforce 年收入中超过 50% 是通过 API 产生的，Google 每天通过 API 处理 50 亿笔交易，Twitter 每天通过 API 处理 130 亿笔交易，亚马孙每天通过 API 处理 10000 亿笔交易。API 经济也极大地促进了开放银行的发展。

2. 全球开放银行发展情况

2015 年底，欧盟颁布第二代《支付服务修订法案》（*Payment Service Directive* 2，PSD2）①，该法案成为欧洲开放银行发展的主要驱动力。PSD2 鼓励用户使用第三方服务商提供的支付产品去管理个人或企业财务状况，规定在用户授权的前提下，欧洲各大银行应对第三方支付服务商（Third-Party Payment Service Providers，PSPs）开放用户账户信息权限，以及提供全部必要的 API 接口权限，无须第三方与银行之间签订协议。PSD2 使非银行公司有机会在支付业务上与银行竞争，并为消费者提供更多金融产品和服务的选择机会。法国于 2017 年 8 月颁布修订版《货币金融法典》，将 PSD2 相关

---

① PSD2 的推行是为了让支付变得更安全，增加消费者的保护，促进创新和竞争，同时确保参与者的公平竞争环境。按照欧盟规定，在用户授权的情况下，银行应向第三方分享用户信息，这将使非银行公司有机会在支付业务上与银行竞争，并为消费者提供更多金融产品和服务的选择机会。PSD2 的主要内容包括三点：第一，鼓励用户使用第三方服务商提供的支付产品去管理个人或企业财务状况，PSD2 明确规定，欧洲各大银行将被强制要求对第三方支付服务商（third-party payment service providers，PSPs）开放用户账户信息权限，以及提供全部必要的 API 接口权限。第二，禁止商家将付款成本转嫁给消费者，保护消费者在线上消费的合法权益，禁止商家将付款手续费、转账手续费等因资金流动而产生的银行费用转嫁给消费者。此项禁令主要作用于独立站以及其他形式的自主收款形式。第三，对于线上消费者权益的保护力度大幅提高，为了更加强化对消费者线上消费的保护，PSD2 将对欧洲各大银行及支付公司强制施行线上付款认证体系。

内容纳入国家立法，但并未对开放银行进行重大干预。

英国于 2016 年正式公布《开放银行标准框架》（*The Open Banking Standard*，OBS），英国竞争与市场管理局（Competition and Markets Authority，CMA）对零售银行市场的调查（调查结果于 2016 年 8 月公布）得出的结论认为，较老和较大的银行在客户业务上的竞争不够激烈，开放银行应该为客户提供一个新的安全选项，以便他们能够比较从银行获得的交易。开放银行业务是为了给英国金融服务带来创新、透明和竞争。其任务是提供应用编程接口、数据结构和安全架构，使客户能够在 2018 年 1 月之前轻松安全地共享其财务记录。基于此，英国竞争与市场管理局设立了开放银行实施实体（Open Banking Implementation Entity，OBIE），其治理、组成和预算由英国竞争与市场管理局决定。它由英国最大的 9 家银行（CMA9）[①]提供资金，并由英国资本市场管理局、金融行为管理局和英国财政部监管。英国开放银行服务平台于 2020 年 6 月上线，通过该平台，个人和机构客户可选择合适的开放银行产品服务，第三方公司可选择合适的技术解决方案。[②] 截至 2020 年 4 月，已有 74 家银行业金融机构和 134 家第三方服务商加入该组织。

此外，其他国家（地区）也纷纷推进开放银行，但推进方式各异。如墨西哥于 2018 年通过了《金融科技法》，其中包含开放银行的相关规定；日本金融厅计划银行业于 2020 年前开放 API，向第三方提供数据；新加坡金融监管局发布《金融服务 API 指导手册》，倡导非强制性的、有机的向开放银行过渡；美国 2018 年发布了类似于第二代《支付服务修订法案》的 API 标准，但并不强制银行执行。2019 年，澳大利亚通过《消费者数据权

[①] 9 家银行包括英国 AIG 集团、北爱尔兰第一信托银行、爱尔兰银行（英国）、巴克莱银行、汇丰集团、劳埃德银行、英国全国建筑协会、北方银行、丹麦银行交易部、苏格兰皇家银行和桑坦德银行。

[②] 资料来源：https://www.openbanking.org.uk/about-us/latest-news/cma-publishes-approved-roadmap-for-the-final-stages-of-open-banking-implementation/.

力规则》，该规则适用于银行业，要求澳新银行、西太平洋银行、英联邦银行和澳大利亚国民银行四家大型银行须按消费者要求与获得消费者认可的数据接收方共享产品数据，规则明确银行共享消费者数据属于法定义务，赋予消费者安全访问银行所持有的与其有关数据的权利，并允许消费者将与其有关数据共享至第三方。巴西、中国香港在监管层面给出了开放银行指导或政策框架，将逐步实现参与机构对客户服务渠道信息、活期存款、储蓄账户、支付账户和信贷业务信息，外汇、投资、保险、开放式养老金等其他金融产品信息的访问。印度、韩国和中国台湾的监管机构也表达了对开放银行的支持态度。

3. 开放银行的发展前景

一方面，开放银行模式有助于推动具有数据优势的传统银行和科技实力更强的中小机构或金融科技公司更深层次协作、竞争和创新，最终创造更大的社会效益。近些年，开放银行模式在欧洲、美国被越来越多的领先银行所采纳。以西班牙外换银行（Banco Bilbao Vizcaya Argentaria，BBVA）、花旗银行（Citi Bank）、美国第一资本金融公司（Capital One）、巴克莱银行（Barclays）等为首的大型银行通过构建自有平台直接开放下层 API，对接千业万态的上层商业生态；而部分新兴银行通过与其他金融服务提供商合作，并通过账户插件服务扩大服务不足的市场；部分资金紧张、技术薄弱的中小银行及其他不愿开发自有平台的银行则选择借助第三方开放银行平台合作或者参与模式去衔接上层生态。

另一方面，商业银行基于自身利益和审慎经营考虑，落实开放银行仍需时日。落实开放银行意味着银行需要与金融科技公司实现数据流通，一定程度上可能让银行产生失去数据掌控权和市场主导权、利润被进一步瓜分的担忧。同时，传统商业银行基于审慎、稳健经营及保护用户隐私安全等理念，不敢贸然推进金融数据共享变革，部分银行认为金融科技公司享受数据共享的好处，银行则需要承担与之相关的费用，对银行来说并不公平。整体来看，目前全球范围内尚未形成一个成熟、稳定、明晰的开放银行商业模式，无论是从开放内容还是组织形态来看均处于起步探索阶段。但未来，在各国大力推动下，开放银行在全球有望加速落地，并且该业务模式也会加速从零售业务拓展到公司业务。[①]

专栏2-2 大型商业银行推动开放银行生态模式的做法

大型银行资金实力雄厚，技术资源充沛，有能力自主打造开放式平台，因而大多选择构建自有平台开放 API，对接外部生态圈。花旗银行是全球领先的跨国银行，2016 年 11 月其推出 Citi 开发者中心，开发出包括用户账户、授权、转账、信用卡、花旗点数等七大类 API 接口，这标志着花旗银行已采用开放式架构技术，成为探索开放银行道路上的里程碑。随着时间的推移，花旗也在逐渐添加新的 API 类别，迄今为止，花旗已在全球各个国家开放了十种类型的 API。开发者不仅可以使用花旗银行海量的数据，还可以利用 API 模块搭建自己的金融服务程序。开发者中心的整个操作流程简洁明了，只要完成五个步骤即可对花旗银行的 API 进行调用，从而获取海量的客户数据。凭借花旗在全球的影响力和其 API 的开放性，Citi 开发者中心在短短一个月就吸引了 1500 位开发者。

表 1 花旗 API 产品概览

API 名称	功能
账户	允许花旗客户以创新的方式访问账户信息
ATM 分支定位	允许开发人员获取各个国家的差异数据
授权	使花旗客户授权第三方应用程序访问他们的账户数据和服务
银行卡	给予花旗客户管理信用卡和借记卡的能力

① 资料来源：黄剑辉，张丽云，李鑫.国内外开放银行最新发展状况及商业银行金融科技战略研究 [J].民银智库研究，2019 (21).

续表

API 名称	功能
客户	第三方可以获得花旗客户档案数据以进行更深入的服务
资金转移	使花旗客户能够在不同账户和组织之间进行资金转移
用户引导	允许第三方为新客户启动基本的开户流程
花旗点数	花旗客户可以使用花旗点数在第三方平台上付款
服务	花旗客户可以在第三方平台上浏览花旗银行账单、修改 ATM 密码
实用程序	允许第三方应用程序检索某些特定区域市场的字段属性、验证数组等以简化跨国多市场应用程序的开发

资料来源：Citi Developer Hub。

　　富国银行也是首批正式打造开放银行生态系统的领军者之一，且所建立的生态系统具有良好的架构、合作模式和技术平台。为了确保有效治理和问责，富国为其开放银行渠道建立了一个独立实体，设立了专门的产品和技术团队。为扩大其 API 组合，富国与高潜力金融科技公司建立了正式合作伙伴关系。为了保证灵活性以及平台对开发人员的吸引力，富国完全利用开源代码软件构建了一个安全的开发人员 API 门户。目前，富国银行已在支付和数据服务方面提供超过 25 个 API 应用场景，可帮助客户轻松地从其他金融服务平台访问自己的富国银行账户，并可根据不同的服务要求开立新账户。此外，企业客户可以利用富国 Gateway 开发人员门户及其 API 轻松地将企业账户数据与其公司的企业资源规划和会计系统对接。

第二节　金融科技与证券业发展

　　近年来，随着新一代网络信息技术的迅猛发展，以"ABCD"（人工智能、区块链、云计算、大数据）等为代表的新兴科技为证券行业高质量发展注入了新的活力。技术与业务的融合度不断加深，证券公司正向线上化、数据化、智能化方向转变。

一、金融科技对证券业的影响

证券行业是较早运用电子化、信息化手段进行业务模式创新的行业。从国际看，1969 年，全球第一个金融交易系统奥特斯（Autex）出现，该系统由电话线连接，用于处理机构投资者的大宗交易，平均每天可处理 15 笔大宗交易，总值达 520 万美元。1971 年，美国纳斯达克证券交易所成立，是全球第一家自动报价的证券交易所，其拥有的美国证券交易商自动报价系统是一个完全的电子化交易系统。1978 年，美国跨市场交易系统（Intermarket Trading System）正式投入运营，将纽约证券交易所、波士顿证券交易所等多个市场连接在一起。20 世纪 90 年代中后期，互联网技术的高速发展使互联网经纪业务的开展成为现实，互联网券商逐渐替代了以电话、柜台驱动的传统券商模式。2009 年以来，随着金融与科技的融合程度不断加深，很多大型投行都开始加大金融科技的投入与融合。2015 年 12 月，纳斯达克首次使用区块链技术完成和记录私人证券交易，成为区块链技术应用的一大进步。此外，澳大利亚证券交易所、日本交易所集团等也都在推进区块链技术在资本市场基础设施领域的概念验证测试。从国内看，证券业在中国出现相对较晚，但发展较快。尤其是在运用金融科技方面，中国的证券行业在借鉴国际同行经验的基础上，在云计算、大数据等领域开展了大量探索和应用，目前主要券商均上线了机器人智能投顾模块，通过大数据分析客户的交易偏好，把大量传统服务于机构的方式如量化模型、组合策略、资产配置等，通过算法提供给客户。不过，虽然中国在以数字支付为代表的金融科技领域走在了世界前列，但证券业的金融科技运用和创新仍比较落后，仍以引进国外模式为主。整体而言，证券行业运用金融科技，进行数字化转型，不但拓宽了业务边界，改变了业务开展、风险控制、合规监管的方式,而且催生了智能投顾、智能投研、金融云等新型服务或产品,有效提升了用户的服务体验,大大降低了运营成本,提高了市场整体的运行效率。

二、金融科技在证券业的应用

1. 金融科技推动证券公司的数字化运营

随着大数据、云计算、生物识别、神经网络、智能硬件等技术的快速发展,金融科技在证券行业的应用不断深化和拓展。在前端应用领域,金融科技推动证券业务从早期的线上导流向精准营销、智能客服、智能投顾等领域纵深发展。同时,金融科技也在不断向证券业的中后端延伸,对证券公司组织构建、运营模式的影响逐渐凸显。越来越多的证券公司开始开展总部或区域性集中运营及线上业务办理,利用金融科技实现智慧运营转型,通过云计算技术搭建计算、存储、服务器和网络设备资源池,实现公司内基础资源共享和自动化管理,提高管理效率,扩大服务范围,提升业务办理效率。

例如,通过大数据技术,证券公司能够高效收集和分析公司内外部各类数据及其来源、特征、演变趋势和潜在影响,加强在管理决策、业务办理、营销服务、风控合规等各领域的深化应用。证券公司可通过大数据技术实现立体、精准的客户画像与需求洞察,充分发挥数据价值并驱动运营,改善公司整体合规管理和风险控制水平。再如,通过人工智能技术建设云平台,依托大数据,优化算法交易,持续推出多领域人工智能产品,满足客户个性化需求,为资产配置降本增效,为公司各业务提供智能化应用服务。区块链技术以其公开透明、不可篡改、易于追踪等特点,为证券业数据安全、信用验证等痛点提供新的解决思路,部分证券公司已开始探索研究。

此外，金融科技的运用还可以增加证券公司分支机构组织架构的灵活性，减少营运人员配置，并不断增加对金融科技人员的需求。目前，中国大多数证券公司均采用了人工智能、区块链、云计算、大数据四项金融科技技术中的一项或多项技术。

2. 量化投资在证券行业的应用

量化投资集成了数据和编译环境，可以使用计算机程序语言进行金融数据研究，其发展可以看作金融科技在证券行业应用发展的集中体现。量化投资在国外已经有几十年的历史，已逐步成为全球金融机构的主流投资手段之一。据统计，美国80%以上的大型基金以及亚洲三分之一的大型基金，均使用量化投资策略和量化手段。

量化投资技术几乎覆盖了投资管理的全过程，包括量化选股、量化择时、股指期货套利、商品期货套利、统计套利、算法交易、资产配置、风险控制等。与传统投资相比，量化投资更为倚重数学模型和实际数据，所做决策也更为客观、理性、科学，避免了个人主观因素对于投资的影响。随着资本市场复杂程度的日益提升，传统投资决策方式将受到严峻挑战，先进的交易执行算法往往含有各种复杂的量化模型，来管理交易过程中的市场风险和流动性风险，这也为量化投资的发展提供了契机。目前中国量化交易规模还不算特别大，但是较大规模的证券公司一般都有自己的量化团队，同时量化投资也为私募行业的发展带来新机遇。除资产管理领域，量化模型和量化系统在全球企业风险管理中的使用也十分广泛。

3. 智能投顾在证券业的应用

智能投资顾问（以下简称智能投顾，也称机器人投顾）是指利用大数据分析、量化金融模型以及智能化算法，并结合投资者的风险承受水平、财务状况、预期收益目标以及投资风格偏好等要求，为其提供多元化、自动化、个性化的智能理财服务。智能投顾目的是提供自动化的资产管理服务，为投资者提供符合其风险偏好的投资建议，通过计算机和量化交易技术，为经过问卷评估的客户提供量身定制的资产投资组合建议，提供的服务包括股票配置、债券配置、股票期权操作、房地产资产配置等。

与传统投顾相比，智能投顾通过对信息收集、处理的进一步系统化、智能化和自动化（既包括前台投资决策，也包括中后台的风险管理和运营管理），能更好地降低投资理财成本、分散投资风险、预测"黑天鹅"事件风险等。因此，无论是科技公司、互联网金融平台、券商还是投资机构，都在布局智能投顾业务。一方面，传统投资机构开始引入大数据因子和人工智能算法来提升投资决策，特别是量化投资决策的有效性和准确性；另一方面，以智能投资顾问为方向的科技公司，设计提供基于网络的智能化投资咨询平台，改善零售投资者的信息不对称问题。智能投顾的出现使原先只有高净值客户才能享受到的金融服务变成了低成本、大众化的服务。例如，相较于传统财务顾问收取1%以上管理费率而言，智能投顾公司仅收取0.3%左右的费率，而低廉的收费标准对于大众富裕阶层而言，无疑具有极大的吸引力。

从国外情况看，智能投顾在美国起源较早，从一般的数字化在线投资分析工具，到今天的智能投顾服务，大致可分为三个阶段。第一阶段是在线投顾阶段，20世纪90年代末期，可供投资者选择应用的投资分析工具的技术水平和规模都有了很大的提高，但机器智能应用比较有限，主要应用领域是投资组合分析。第二阶段为机器人投顾阶段，从2008年开始，大量新兴科技企业开始提供基于机器学习的数字化投顾工具，机器人投顾作为新兴模式开始产生，机器智能的应用进一步深化，应用领域进一步深化，除投资组合分析外，客户分析、大类资产配置等阶段都有智能技术的参与。第三阶段是智能投顾阶段，随着人工智能技术和云计算技术的突破性发展，智能投顾服务商开始提供一种完全无须人类参与、涵盖投资管理全价值链的人工智能投顾系统。相比简单的机器人投顾服务，采用人工智能和云计算架构的智能投顾服务突破了传统投资顾问的用户边界，长尾客户也能以极小的成本获得投顾服务，客户也可以达到千万以上级别。美国证券交易委员会（U. S. Securities and Exchange Commission，SEC）在 2017 年 2 月发布的《智能投顾监管指南》中，明确将智能投顾归为投资顾问并纳入《1940 年投资顾问法》监管，要求智能投顾持有注册顾问牌照，可为投资者提供全权委托服务。

国内市场方面，中国的智能投顾市场尚处于起步阶段，虽然目前多家金融机构成立了国内机器人投顾，但整体来看行业集中度相对较低，潜在发展空间依然巨大。尤其是在当前国内与国际经济环境错综复杂、各类资产价格剧烈波动的大背景下，专业财富管理需求大幅增加，财富管理行业正从粗放式向精细化、专业化转变，由家庭自主理财模式向专业机构理财模式转变。而人工智能、区块链、大数据等金融科技的运用，针对性地解决了客户需求痛点，实现了"千人千面"的财富管理需求，智能化的财富管理已经成为趋势。此外，新冠肺炎疫情显著增加了家庭线上投资的意愿，家庭对线上投资理财模式的接受度逐步上升，促使财富管理机构加快线上化进程。随着房地产市场不断调整，金融产品日益丰富，居民理财观念趋于成熟，中国居民进行资产配置和财富管理的必要性和可行性都在提升，为资产管理行业注入更大活力。

第三节　金融科技与保险业发展

一、金融科技对保险业的影响

近年来，互联网保险（Online Insurance）、保险科技（InsurTech）等随着互联网、大数据等信息技术在金融领域的成熟适用被相继提出，金融科技在提炼、储存、分析保险标的各项指标数据，提升保险行业的风险保障和社会治理功能方面的作用日益突出，从渠道、产品、技术和理念等方面对保险行业产生深刻的影响。

一是借助互联网渠道可以突破地域限制，能够越过代理公司和代理人，通过互联网随时随地向不同地域的客户提供产品和服务，大幅减少销售费用与管理费用。

二是改变了社会公众的传统消费和支付习惯，网络消费、网络支付等行为中蕴含的风险能够派生出新的保险需求，为保险行业开辟出新市场和较大的产品创新空间。

三是新技术的应用使保险公司可以将保险服务"无缝式"嵌入互联网消费的购买、支付、物流等各环节，能够快速、便捷、低成本地满足客户高频化、碎片化的保险需求；互联网技术能够提升保险公司市场反应速度和能力，及时掌握保险行业发展新动向、挖掘潜在客户群体并随时采取适当的经营策略；金融科技使保险公司核心运营流程和客户服务实现了网络化和自助化，提高了保险公司业务效率、管理水平与客户满意度。

四是金融科技的深入应用将进一步凸显"以客户为中心"的理念，原先以保险产品为主导的销售模式将逐渐转化为以客户需求为核心的销售模式，金融科技使客户不再被动接受保险公司推送的信息，客户需求成为新险种出现的原动力，其行为数据将成为保险产品设计和服务改善的重要参考依据。

二、金融科技在保险行业中的应用

大数据技术有助于保险行业全面升级改造。大数据时代，保险业数据规模急剧扩大，保险公司不仅要处理来自内部的各种数据，更要面对合约、发票、文本、电子表格、简报档案、电子邮件等格式的信息、影音、图像、图形等海量的非结构化数据。利用大数据技术，保险行业可实现差异化营销，提升客户价值；可扩大承保范围，探索个性化精算与产品定价。同时，在风控方面，还可以有效提升反欺诈绩效，降低理赔风险。

云计算技术加快推动保险行业创新发展。一是可以有效推动保险公司业务创新。保险公司可利用云计算技术，为企业量身打造"保险云"，在云端开发保险核心业务模块、财务模块、流程管理模块等，客户通过云端可以一站式完成投保、理赔等保险服务，提升客户服务体验；在非高峰时期，可以将保险核心业务模块、财务模块、流程管理模块等租借给其他保险公司使用，打造新的利润增长点。二是为中小保险公司发展提供新机遇。保险公司在信息化基础设施建设、系统保养和维护、人才培养等方面需要投入大量的人力、物力和时间。对于中小保险公司而言，专门进行信息化建设的成本效益比相对较低。借助云计算技术，中小保险公司可以租用通信供应商、大型保险公司的设备，将节省大量的信息化建设成本，可以将资金更多用于渠道建设、产品研发、提升客户服务体验方面。三是有利于促进整个保险行业加强信息共享。随着云计算技术的出现和成熟，在省级信息共享的基础上搭建全国保险行业信息共享平台成为可能。未来，基于云计算技术，将各省信息共享平台整合起来，实现数据跨行业、跨部门共享，有利于进一步提升保险公司服务水平，提高保险行业整体效率。

区块链技术给互联网保险行业发展带来了新思路。一是在一定程度上降低信息不对称风险。区块链技术可以实现互联网保险平台、客户、体检机构、医院等相关交易方共同验证的信任机制，形成一个完整的保险生态圈。客户身体状况、职业信息、体检、医疗等相关信息和数据将被记录并在全网内实时广播，并得到相关交易方的共同验证，确保信息真实有效，从而有效降低信息不对称风险。二是可进一步压缩互联网保险成本。区块链技术可以保证所有交易按照既定的规则执行，这对于定制化风险评估、缩短承保周期大有裨益。基于区块链的保险服务模式下，投保、承保、理赔等环节基本可以不需要人为操作，能够有效避免欺诈等不诚信行为，压缩保险成本和互联网保险平台面临的风险，进一步释放保费空间。三是通过智能合约产品实现快速理赔。智能合约保险由代码定义后自动强制执行，一旦达到特定出现条件，即可快速理赔。

物联网技术将颠覆保险行业传统的经营模式。随着可穿戴式设备的发展和普及，在互联网技术、物联网技术以及现代医学科技的基础上，通过整合可穿戴式设备、呼叫中心、急救中心、医疗机构，可以构建一套集预防、监测、诊断、救助、康复指导于一体的远程健康救助服务系统，患者足不出户就能完成对自身健康状况的监测，减少去医院就医的次数；通过将健康数据上传到云端，形成电子健康档案，不仅可以将数据和分析结果直接提供给患者，也可以在获得患者同意的基础上将相关信息发送给医疗机构，提供有针对性的医疗健康解决方案，实现"智能医疗"。保险机构可基于物联网核心数据库，依托可穿戴式设备实现对投保人健康状况的实时评估，通过数据分析进行保费定价及赔付支持。此外，在财产险方面，物联网的应用也有助于提升保险机构的精准定价能力，有效降低赔付率。例如，已有保险公司通过为投保人免费提供智能漏水检测仪和冰冻警报器等智能家居设备，前瞻性地预防家庭事故，降低房屋保险的赔付率。

第四节　金融科技对金融业发展的意义与挑战

当前，全球已经进入信息化全面渗透、跨界融合、引领发展的新阶段。随着数字技术的深入应用和快速迭代，金融业务流程不断调整优化，跨行业、跨市场的金融产品日益丰富，不同类型金融资产的转换更加高效，金融活动的实时性和不间断性越发明显。金融科技作为金融与科技深度融合的产物，给现代社会金融功能的实现形式、金融市场的组织模式、金融服务的供给方式带来了潜移默化的影响。推动金融与科技融合创新，有助于将金融资源更加高效地配置在经济社会发展的重点领域和薄弱环节，构建服务更加精准化、手段更加科技化、主体更加负责任、模式更加可持续的普惠金融体系，满足实体经济多元化金融需求，提升金融服务质效。同时，金融科技的发展使金融分工更加精细，金融产业链和价值链拉长，金融与科技边界变得日益模糊，风险管控责任也会因此变得更加复杂、难以厘清。

一、金融科技对金融业发展的积极作用

1. 金融科技推动金融业转型升级

金融科技的核心是利用现代科技成果优化或创新金融产品、经营模式和业务流程。借助机器学习、数据挖掘、智能合约等技术，金融科技能简化供需双方交易环节，降低资金融通边际成本，开辟触达客户全新途径，推动金融机构在盈利模式、业务形态、资产负债、信贷关系、渠道拓展等方面持续优化，不断增强核心竞争力，为金融业转型升级持续赋能。近年来，在金融科技发展浪潮下，产生了许多新的业务模式（如直销银行、互联网保险、互联网券商等），对传统金融业务模式产生极大冲击，同时也倒逼传统金融机构转变经营管理模式，提供更好的金融产品来满足实体经济和金融消费者需求。

2. 金融科技有助于推动金融业回归本源

金融业的本质是资金的融通中介。运用金融科技手段，能快速捕捉数字经济时代市场需求变化，运用先进科技手段对企业经营运行数据进行建模分析，实时监测资金流、信息流和物流，为资源合理配置提供科学依据，有效增加和完善金融产品供给，引导资金从高污染、高能耗的产能过剩行业流向高科技、高附加值的新兴产业，服务于实体经济发展。同时，金融科技可更高效地解决资金的期限错配、行为的顺周期性和金融网络的外部性问题，更好地保护金融消费者权益。新冠肺炎疫情期间，多国利用金融科技应对疫情对实体经济的冲击。例如，美国通过薪资保护计划（Paycheck

Protection Program，PPP）授权已参与联邦存款保险计划的金融科技借贷平台发放中小企业救助贷款。英国在针对小公司的新冠病毒商业终端贷款计划（Coronavirus Business Interruption Loan Scheme，CBILS）中新增 2 家挑战者银行，为英国各地的中小企业提供资金支持。新加坡金融监管局倡导使用数字金融和电子支付以支持疫情期间的安全距离措施。

3. 数字普惠金融有利于消除数字鸿沟

金融科技已成为各国发展普惠金融的重要推动力，能有效解决普惠金融发展面临的成本较高、收益不足、效率和安全难以兼顾等问题，助力金融机构降低服务门槛和成本，将金融服务融入民生应用场景。尤其是在一些偏远地区，部分小微企业或消费者难以获得传统金融服务，如无法开户或持有信用卡的人口比例较低，但通过金融科技手段，可以有效解决以上问题。同时，还可运用金融科技手段，实现滴灌式精准扶持，缓解小微企业融资难、融资贵问题，加强金融支持"三农"发展力度等，突破金融服务"最后一公里"制约，提升公共服务便利化水平，推动数字普惠金融发展。当然，金融科技的发展也可能产生新问题，例如低收入群体很难适应金融科技快速发展带来的金融服务模式变化，由此导致的数字鸿沟已成为这些弱势群体接受现代化金融服务的障碍。再如，低门槛信贷服务使得缺乏偿还能力的年轻群体等更易获得贷款，进而导致年轻人养成提前消费、过度消费的习惯，对金融稳定带来潜在影响。

4. 金融科技成为防范化解金融风险的新利器

金融科技的快速发展推动了金融市场的数字化变革，同时也为金融监管提供了更多工具。运用大数据、人工智能等技术建立金融风控模型，有效甄别高风险交易，智能感知异常交易，实现风险早识别、早预警、早处置，提升金融风险技防能力。例如，在股东准入管理、关联交易识别、流动性管理方面，利用大数据智能算法，围绕财务、股权、关联关系等信息对企业风险进行扫描，实现风险的实时分析与处理。欧洲央行（European

Central Bank，ECB）开发了一种基于网络分析与图形可视化的工具，帮助监管部门深入了解监管对象持有的私募股权基金情况及重要机构股东之间的关联性。运用数字化监管协议、智能风控平台等监管科技手段，推动金融监管模式由事后监管向事前、事中监管转变，有效解决信息不对称问题，消除信息壁垒，缓解监管时滞，提升金融监管效率。[①]

二、金融科技的潜在风险及监管挑战

金融科技在供给主体、创新实践、金融风险、消费者保护等方面所呈现出来的新特征、新趋势，给金融治理体系和治理能力提出了一系列新的挑战。

1. 供给主体的金融和科技属性边界模糊，为传统的机构监管模式带来挑战

在金融科技领域，供给主体既包括通过科技创新推动金融服务转型升级的传统金融机构，也包括运用数字技术跨界开展金融业务的互联网企业，还包括为金融机构提供技术外包和配套服务的金融科技公司。这些不同类型的机构之间在账户、产品、渠道、数据和基础设施等方面的关联性和互动性不断增强。例如，国内许多"数据服务商"以科技公司自居，商业模式是为银行贷款提供基于多维数据的信用评估服务，其本质仍然是信用评估。再如，之前存在部分第三方网络平台，在提供保险相关信息技术中介服务时，转向从事非法保险中介业务，违规变相开展保险代理，滋生了一些新型非法商业保险活动。

2. 金融与科技业务互相渗透融合，现行监管框架难以厘清风险防控责任边界

当前，中国乃至全球信息化已经进入了全面渗透、跨界融合、引领发

---

① 中国人民银行《金融科技（FinTech）发展规划（2019—2021 年）》（银发〔2019〕209 号）。

展的新阶段。随着数字技术的深入应用和快速迭代，金融业务流程不断调整优化，跨行业、跨市场的金融产品日益丰富，不同类型金融资产的转换更加高效，金融活动的实时性和不间断性越发明显，这些变化使分业分段式的传统金融治理的有效性和针对性有所下降。同时，一些科技公司通过申请牌照经营金融业务或者与金融机构合作开展业务，金融产业链和价值链拉长、金融分工更加精细，风险管控责任变得更加复杂、难以厘清。

3. 业务、技术、数据等多重风险交叉，金融风险防控难度加大

金融科技使不同业务的交叉融合和关联渗透更为普遍，可能产生业务、技术、数据等多重风险交叉扩散的"多米诺骨牌效应"和"蝴蝶效应"。业务风险方面，有的机构单方面追求产品创新和客户体验，打着"科技创新"的旗号对金融产品进行过度粉饰包装，简化必要的业务流程和风险管控环节，资金和交易安全无法得到保障，存在较大的业务安全隐患。技术风险方面，有的机构盲目追求所谓颠覆式技术，导致技术选型错位、资源浪费、安全事件频发等问题；金融业对服务器、芯片、算法等关键信息基础设施的依赖程度越来越高，一旦供应链某个节点出现问题，可能传导至整个供应链。数据风险方面，金融科技领域数据过度采集、数据倒卖、重复使用的违法违规行为屡见不鲜，不法分子通过网络攻击、木马病毒、短信嗅探等方式窃取用户信息的手段日益丰富，数据泄露和隐私保护亟须引起关注。

4. 金融消费者群体权益保护复杂度上升

借助高效、泛在的网络基础设施，金融科技降低了金融服务的门槛和成本，将金融服务下沉至传统金融机构之前覆盖不到、服务不足的老人、农村居民等长尾客户，促进了普惠金融的发展。但同时也要看到，这些长尾客户群体数字金融素养较低，金融知识和科技知识缺乏，金融科技理解能力、接受度、适应性以及风险识别和承受能力较弱，难以灵活掌握各类智能产品与服务，容易形成"只看收益、不看风险"的投资理念和"只愿投资、不承担风险"的刚性兑付预期。在金融业数字化转型的背景下，消

费者往往处于技术和信息劣势，个人身份特征信息和财务信息被过度收集，增加了消费者正当权益保护的难度。数据显示，截至 2020 年 3 月底，我国非网民规模为 4.96 亿人次，有 51.6% 的非网民不上网的原因是网络使用技能缺乏。中国人民银行金融消费权益保护局调查数据显示，2019 年全国消费者金融素养指数平均分为 64.77，仍有较大提升空间。

第三章 大型科技公司对金融业的影响与挑战

第一节 大型科技公司的特征与兴起

一、大型科技公司（BigTech）的概念

最初，西方媒体把谷歌、亚马孙、脸书和苹果合称为"Big Four Tech"（四大科技企业），后来又加入微软公司并称为"Big Five Tech"（五大科技企业）。后来，人们直接用 BigTech（大型科技公司）泛指那些拥有庞大用户、具有广泛业务、影响力巨大的科技企业，包括中国的阿里巴巴、百度、腾讯等在内的一大批企业也都被划入大型科技公司行列。巴塞尔银行监管委员会（Basel Committee on Banking Supervision，2017）发表工作论文称，所谓大型科技公司（BigTech），是指拥有数字技术优势的全球性大型技术公司，它们通常直接面向消费端用户提供搜索引擎、电子商务或数据存储和处理等 IT 平台，并为其他公司提供基础设施服务。2019 年 4 月，国际清算银行（Bank for International Settlements，2019）在工作论文中认为，大型科技公司指拥有用户和技术优势、迅速进入金融行业的科技巨头公司（见表3-1）。

表 3-1 全球十家最大的上市大型科技公司总市值

序号	企业	最新市值（十亿美元）
1	微软	1045
2	苹果	1003
3	亚马孙	919
4	Alphabet（谷歌）	736
5	阿里巴巴	506
6	腾讯	429
7	Facebook（脸书）	427
8	英特尔	196
9	思科	151
10	PayPal	102

资料来源：Yahoo Finance，零壹智库。

二、大型科技公司的主要特征

大型科技公司金融服务呈现独特的商业模式，通常以支付业务作为入口进入金融业。它们往往会首先利用现有基础设施提供支付服务，在此基础上通过直接开展业务或与金融机构合作，将服务范围扩大至信贷、保险、储蓄和投资等领域。国际清算银行（2020）认为，大数据分析（Data）、网络外部性（Network）及交互活动（Activity）三个关键因素（以下简称DNA）是大型科技公司商业模式的关键特征，这三个要素相辅相成。大型科技公司平台的网络外部性是指用户从参与平台的一方（如作为电子商务平台的卖家）获得的利益随着另一方（如买家）的用户数量而增加。网络外部性带来更多的用户，为用户带来更多的价值。在此过程中将产生更多数据，这些数据被大型科技公司进行挖掘，并凭借其庞大的网络效应提供一系列服务，从而产生更多的用户活动，产生更多的数据（见图3-1）。

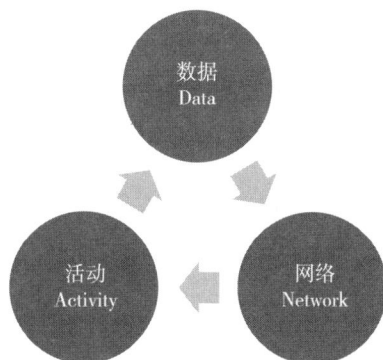

图 3-1 大型科技公司商业模式的三大特征（DNA）

（资料来源：国际清算银行（2020））

基于数据—网络—活动（DNA）的正向循环，一些大型科技公司开始涉足金融服务，包括支付、资金管理、保险和信贷等。从大型科技公司的部分收入占比（见图 3-2）看，其核心业务是信息技术和咨询（例如云计算和数据分析），这两项业务约占其收入的 46%，金融服务只是其全球业务的一小部分，大约只占 11%。[①] 但考虑到其规模和客户范围，大型科技公司进入金融业有可能引发行业的快速变化。虽然大型科技公司为全球用户提供服务，但其业务主要集中在亚太地区和北美。BIS 报告认为，大型科技公司进入金融业的情况在中国最为广泛，但也在其他新兴市场经济体迅速扩张，尤其是在东南亚、东非和拉丁美洲。从中国看，四大平台巨头百度、阿里巴巴、腾讯、京东（BATJ）分别在其平台生态系统下设度小满金融、蚂蚁集团、腾讯金融科技、京东金融，以"科技创新"进军金融市场。海量的用户流量、用户数据带来了海量资金流，平台企业作为链接生产、流通、消费过程中各方的中心主体，实质上发挥了调节资金余缺的作用，即平台实质上已成为互联网金融领域的核心。

---

① BIS, "Big tech in finance: opportunities and risks", BIS Annual Economic Report, 23 June 2019. https://www.bis.org/publ/arpdf/ar2019e3.pdf.

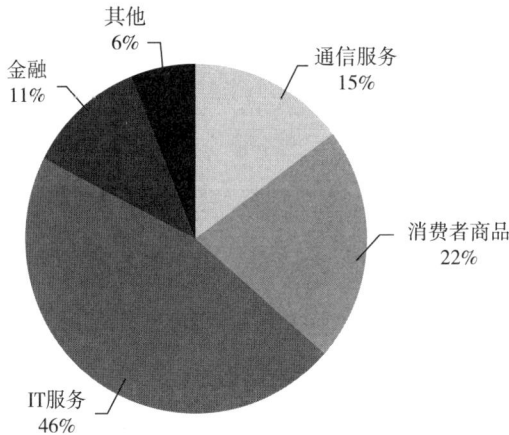

注：样本包括阿里巴巴、字母表、亚马孙、苹果、百度、Facebook、Grab、Kakao、MercadoLibre、乐天、三星和腾讯；IT服务包括一些与金融相关的业务；其他项目包括医疗保健、房地产、公用事业和工业。

图3-2　大型科技公司分部门的营收占比

（资料来源：S&P Capital IQ，BIS）

三、大型科技公司金融服务兴起的驱动因素

1. 需求因素

一是消费者需求缺口。如果企业或消费者无法获得银行服务，例如无法开户或持有信用卡的人口比例较低，大型科技公司金融服务可能会迅速填补这一空白。这一现象在新兴市场和发展中经济体尤为突出。

二是消费者偏好。消费者和小微企业更倾向于使用大型科技公司的金融产品，其中年轻消费者兴趣更高，这可能是由于年轻人群对新技术的接受度更高，为大型科技公司进入金融领域创造了大量机会。

2. 供给因素

一是数据优势。大型科技公司能够访问广泛的客户数据，从中提取优

质信息以评估借款人和保单持有人的信誉，实现更准确地评估信用和风险，降低流程成本。

二是技术优势。相比金融机构，大型科技公司能够更广泛地使用人工智能和机器学习等新技术，进行更好的数据分析和用户筛选。

三是资金优势。大型科技公司通过股权投资、资产支持证券（Asset-Backed Security，ABS）、与银行合作等多种方式吸取原始资金，甚至建立自己的银行。

四是监管空白。在初始阶段，金融监管政策不适用于从事金融服务的大型科技公司，可能给其造成不对等的竞争优势，同时也可能使风险更集中。

五是竞争缺失。在单位财务成本很高、银行业溢价高的地方，由于竞争程度低，大型科技公司金融服务更容易进入。①

第二节　大型科技公司对金融业的机遇与作用

一、大型科技公司能显著提高金融服务水平和金融包容性

大型科技公司可以显著提高金融服务水平。大型科技公司的低成本结构业务可以很容易地扩大规模，以提供基本的金融服务，特别是在大部分人口仍然没有银行账户的地方。以支付服务为例，支付是大型科技公司提供的第一个金融服务，主要是为了解决电子商务平台上买卖双方缺乏信任的问题。买方希望收到货物，但卖方希望在收到付款保证后交付货物，对此支付宝（阿里巴巴）或 PayPal（eBay）提供的支付服务有效地解决了这

① Jon Frost, Leonardo Gambacorta, Yi Huang, Hyun Song Shin and Pablo Zbinden. BigTech and the changing structure of financial intermediation, BIS Working Papers, No. 779, 8 April 2019.

一问题。在零售支付系统较不发达的一些区域，大型科技公司通过移动网络运营商（例如在几个非洲国家的 M-Pesa）提供新的支付服务。随着时间的推移，大型科技公司的支付服务已被广泛用作其他电子支付手段（如信用卡和借记卡）的替代品。

大型科技公司可有效降低融资成本，提高金融包容性。全球金融稳定理事会（2020）的研究报告发现，在新兴市场经济体，大型科技公司在金融服务领域的扩张通常比发达经济体更快、更广泛，这是因为新兴市场的金融包容性较低，特别是在低收入人群和传统金融机构服务不足的农村地区，而移动电话和互联网的日益普及为大型科技公司进入并扩大金融服务奠定了基础。[①] 在信贷领域，大型科技公司积极开展小额信贷业务，促进服务重心不断下沉，金融服务可获得性提升。据估计，2019 年全球范围内金融科技公司（FinTech）和大型科技公司（BigTech）提供的信贷规模高达近8000 亿美元，其中金融科技公司信贷规模为 2230 亿美元，大型科技公司信贷规模为 5720 亿美元，这些信贷成为传统银行体系之外的有益补充而非简单替代，增加了新的信贷渠道。[②]

大型科技公司进行网络信贷的方式主要有三种：一是建立网上银行，但部分国家监管机构可能限制远程（在线）银行账户的开设；二是选择与银行合作，大型科技公司依托其庞大的客户群体，通过先进的大数据技术，可以对贷款进行快速审批并放贷（所谓的助贷），而银行负责提供贷款资金并管理贷款；三是通过贷款联合或证券化获得资金，这一度成为金融科技公司的共同策略。国际清算银行认为，金融科技信贷总额在不同国家之间

---

① FSB, BigTech Firms in Finance in Emerging Market and Developing Economies- Market developments and Potential Financial Stability Implications, 12 October 2020. https://www.fsb.org/wp-content/uploads/P121020-1.pdf.

② 由互联网平台而非传统银行或贷款公司提供的信贷被称为 "FinTech 信贷"。Giulio Cornelli, Jon Frost, Leonardo Gambacorta, Raghavendra Rau, Robert Wardrop and Tania Ziegler, Fintech and big tech credit: a new database, BIS Working Papers, No. 887, 22 September 2020.

增长速度不一，反映了各国经济增长和金融市场结构的差异。一般而言，一个国家的人均收入越高，银行体系竞争力越低，金融科技信贷活动总量越大。①

二、大型科技公司与传统金融机构的竞合关系

一方面，两者存在密切的合作关系。金融科技公司的优势在于技术，相比金融机构积累了更多的技术资源，在改进业务模式和流程再造等方面更具有技术优势。尤其是大型科技公司，可基于现有网络及生成的大量数据，利用大数据和人工智能等技术处理和使用这些数据。由于数字化程度高，其服务边际成本几乎为零。金融机构则在各金融业务领域积累了丰富的经验，这也是大型科技公司短期内难以追赶的。良好的金融科技生态理应形成金融科技公司与金融机构优势互补的发展模式，两者实现互利共赢。例如，大型科技公司可为金融机构提供技术服务，利用现代信息技术对传统金融业务进行流程改造、模式创新、服务升级，并且在传统金融无法覆盖的领域开辟新的业务，促进金融领域更深度的大分工。② 再如，虽然大型科技公司的支付平台与银行提供的支付平台竞争，但它们在很大程度上仍依赖于银行。在电子商务中，作为第三方支付典型代表的支付宝和微信支付，就是采用与各大银行签约的方式，通过与银行支付结算系统接口对接而促成交易双方进行交易的网络支付模式。此外，大型科技公司一直专注于为其庞大的客户网络提供基本的金融服务，并充当银行、证券公司等第三方提供商的分销渠道，例如通过提供财富管理或保险产品。

另一方面，两者存在激烈的竞争关系。某些大型科技公司利用自身突

---

① BIS, "Big tech in finance: Opportunities and risks", BIS Annual Economic Report, 23 June 2019. https://www.bis.org/publ/arpdf/ar2019e3.pdf.

② 孙国峰. 共建金融科技新生态［J］. 中国金融，2017（13）.

出的科技服务优势，开始涉足金融领域，向市场输出金融服务，从而引发潜在利益冲突，成为金融机构的竞争对手。尤其是随着互联网平台公司的发展，其利用自身的平台优势、数据优势等，有更大能力直接触及消费者和潜在客户，可提供更有针对性、人性化的金融服务，这对传统金融机构尤其是商业银行造成巨大的外部竞争压力。例如，在支付清算领域，苹果、谷歌、Facebook、阿里巴巴和腾讯等利用其庞大的客户群和普遍的用户界面（智能手机、社交聊天工具、聊天机器人），接入银行系统，收集更多有关客户需求的数据，为消费者提供包括金融业务在内的全面服务体验，彻底改变了传统以现金、银行卡、信用卡进行支付结算的方式，同时也对银行的零售业务产生了冲击。例如，大型科技公司在其互联网平台上提供货币市场基金和保险产品，这种一站式服务比银行和其他金融机构提供的服务更方便、更快捷。

三、金融科技初创公司与大型科技公司对金融业产生的影响不同

金融科技初创公司（FinTech）和大型科技公司（BigTech）可能对金融中介产生不同的影响。FinTech 初创企业已经成为金融领域的游戏规则改变者，通过把以客户为中心的文化从互联网行业引入了金融业，有效降低了融资门槛和融资成本，但金融科技初创企业对现有银行体系的冲击相对有限，且可能被现有银行等传统金融机构收购，或在股权众筹等细分市场进行竞争。相较而言，大型科技公司规模庞大，且在金融服务领域尤其是支付领域发挥着重要的作用。如亚马孙支付（Amazon Pay）在 10 个国家运营，谷歌支付（Google Pay）在 22 个国家运营，苹果支付（Apple Pay）在 25 个国家运营，支付宝和微信支付则在中国第三方支付市场占据垄断性地位。此外，大型科技公司还拥有巨大的财务资源、强大的品牌认知度、全球客户群和尖端技术等，因此比 FinTech 公司更有潜力将整个金融服务领域整合

到自己的数字生态系统中，进而重新定义传统金融中介业务。而且，由于大型科技公司强大的网络效应，由此会提高市场集中度甚至造成垄断，进而会让大型企业集团受益最多。①

第三节　大型科技公司的潜在风险与挑战

大型科技公司提高了金融服务的效率，降低了金融服务准入门槛，但同时也带来新风险与新挑战。

一、垄断与不公平竞争

首先，大型科技公司可以从它们自己的生态系统（社交网络、搜索、电子商务等）中获得其所提供的金融服务之外的额外数据。其次，数据在范围和规模上的回报越来越大，当与现有的大量数据结合时，单个附加数据（如信用评分）具有更大的价值，当用于提供更广泛的服务时，则具有规模经济效应。出于这两个原因，数据对大型科技公司更有价值。如果银行的客户允许（或出售）大型科技公司不受限制地访问他们的银行数据，可能会强化 DNA 反馈回路，进而会进一步强化大型科技公司对银行的竞争优势。因此，大型科技公司一旦建立起自身专属生态系统，潜在竞争者就没有多少空间来构建竞争平台，甚至可能排除潜在竞争对手，或兼并其他竞争者，造成"赢者通吃"的局面。

一方面，容易导致市场垄断。平台优势会显著提升大型科技公司在市场上的垄断地位，并利用自身的市场力量和网络外部性来增加用户转换成

---

① Financial regulation and supervision issues raised by the impact of Tech firms on financial services, Speech by Mr Denis Beau, First Deputy Governor of the Bank of France, at the ESSEC-Centre d'excellence, Paris, 30 January 2019. https：//www.bis.org/review/r190130a.html.

本。例如，包括苹果、亚马孙和 Facebook 在内的多家科技巨头都在通过收购和合作来巩固其支付市场地位。其他的反竞争行为还包括产品捆绑销售和交叉补贴等。[①] 上述竞争优势可使大型互联网企业在资源配置中权力过度集中，并逐步强化为市场垄断。

另一方面，容易导致"数据垄断"。数字经济时代，数据的规模、多样化及更新速度呈现指数级增长，其产生的价值也越来越大。尤其是金融业，其和数据天生密不可分，数据价值在金融领域被发现、证实和运用，不断推动金融业务的运行逻辑、经营模式、管理方式的变革和优化。[②] 大型科技公司通过大数据技术收集、整理、编排用户使用平台时留下的数据，分析用户的个人使用习惯，从而确定用户画像，掌握了庞大微观信息。同时，又通过最新的信息技术手段对数据进行加工分析，为其用户提供日益全面周到的信息服务，增加用户对平台的黏性，获得巨额广告收益和产品收益。可以说，数字经济时代，谁占有和掌握更多的数据，谁就更有可能在激烈的市场竞争中居于有利地位。大型科技公司依托其超大客户群体和技术优势，可以近乎零成本的方式收集大量数据，产生"数据垄断"。[③] 一旦确立了在数据方面的主导地位，大型科技公司可进行价格歧视并榨取租金，不仅可以利用所获得的数据评估潜在借款人的信誉，还可以确定借款人愿意支付的最高贷款利率或客户愿意支付的最高保险费。[④] 价格歧视具有分配效应，可在不改变生产和消费总量的情况下，以牺牲客户为代价来提高大型科技公司的利润，同时还可能对经济和福利产生不利影响，可能导致高风

---

① 所谓捆绑销售是一种营销策略，是指企业将两个或以上的产品组合成一种产品并提供折扣进行销售，售价比消费者单独购买这些产品的总金额要低。捆绑销售可视为一种特殊形式的价格歧视，在电信、硬件和软件等多产品行业中通常存在，是违反竞争法的行为。

② 李伟. 做好数据治理 强化个人隐私保护 [J]. 清华金融评论，2021（1）.

③ M Stucke, "Should we be concerned about data-opolies?", Georgetown Law Technology Review, Vol. 2, issue 2, 2018.

④ O Bar-Gill, Algorithmic price discrimination when demand is a function of both preferences and (mis) perceptions, University of Chicago Law Review, Vol. 86, No. 2, March 2019.

险群体被排除在社会期望的保险市场之外。

二、数据滥用及消费者权益保护问题

大型科技公司从事金融业务意味着消费者各种金融和非金融信息的集中采集和暴露。大型科技公司不仅掌握消费者的社交、购物、网页浏览信息，而且还掌握其账户、支付、存取款、金融资产持有和交易信息，甚至还可通过面部识别、健康监测等将这些信息与其生物信息紧密关联。一旦保管不当或遭受网络攻击造成数据泄露，稍加分析便可获得客户精准画像，导致大量客户隐私泄露，进而造成重大财产损失和人身安全隐患。中国互联网络信息中心发布的《中国互联网络发展状况统计报告》显示，截至2020年6月，我国超20%网民个人信息遭到过泄露，由于隐私泄露、滥用而带来的恶意营销、大数据杀熟等严重侵犯金融消费者知情权、选择权和隐私权的案例不断上升。[①] 同时，大数据、人工智能等技术易导致"算法歧视"，严重损害特殊群体利益。相较于传统歧视行为，算法歧视更难约束。尤其是在某一个大型互联网企业拥有涉及数亿消费者天量数据信息的情况下，虽然从个体和逐笔看，其数据来源和使用均获得了消费者授权，但从总体看，可能存在"合成谬误"，这些数据在总体上具有公共品性质，其管理、运用并非单一消费者授权就能解决其合法性问题。

三、数据挖掘导致超前负债消费

基于数据挖掘技术的精准营销成为当前互联网平台的重要业务模式，以大型科技公司为代表的大型互联网平台每天都会根据用户支付行为数据，

①　中国互联网络信息中心．第47次中国互联网络发展状况统计报告［R］．2021．

向用户精准推送各类营销宣传信息，且其推送的营销信息绝大部分与平台旗下的其他关联公司相关，其余则为收取相关服务费用之后，为平台以外的合作第三方企业推送信息。部分大型互联网平台在商业利益驱使下，过分追踪与收集用户"数字足迹"，不当使用数据驱动式营销策略。用户诸多"数字足迹"中，最具含金量的就是各类金融信息，包括账户信息、交易信息、信用信息等，这些信息构建起互联网平台公司的"信用"支柱，而互联网平台公司通过挖掘用户的金融行为，分析用户金融行为特征，大量推送金融营销广告，使"超前消费""过度消费""负债消费"的理念越来越被资信脆弱人群所接受，[①] 但金融消费者和投资者难以分辨营销手段背后的金融风险，也可能导致自身利益的受损，维权难度较大。

四、对金融稳定及系统性风险的影响

部分大型科技公司平台为用户提供了各类金融服务，大量的用户广泛参与，已经具备控股集团特征，增加了跨市场、跨领域传播的可能性。如果这些企业长期游离在监管之外，也不受金融安全网保护，一旦相关金融业务出现风险暴露，将引发严重的风险传染，产生系统性金融风险，主要体现为以下几个方面。

第一，由于金融科技公司服务对象通常是传统金融机构覆盖不到的长尾人群，这类客户往往缺乏较为专业的金融知识与投资决策能力，从众心理严重，当市场出现大的波动或者市场状况发生逆转时，容易出现群体非理性行为，长尾风险可能迅速扩散，形成系统性金融风险。

第二，由于存在网络规模效应，容易产生技术服务集中化下的系统性

---

① 中国人民银行金融消费权益保护局课题组. 大型互联网平台消费者金融信息保护问题研究 [J]. 央行研究，2021（4）. 参见 http://www.pbc.gov.cn/redianzhuanti/118742/4122386/4122510/4187206/index.html.

运营风险。例如，第三方云服务商的市场集中度较高，前三位服务商（阿里巴巴、腾讯、华为）的市场占有率之和超过 90%。未来如大量无力自建云平台的金融机构纷纷转向采用第三方云服务，而云服务商又相当集中，那么当这些云服务商出现运营失败、网络故障等风险事件时，就会造成多家金融机构的运营故障和网络安全风险，甚至出现金融机构连锁反应，发生系统性运营风险。如 2019 年 3 月阿里云宕机事件，就造成华北大量采用阿里云服务的互联网公司网站和 APP 瘫痪。

第三，由于大型科技公司广泛运用大数据、云计算等网络信息技术，经营模式和算法趋同，增强了金融风险传染性及顺周期性。金融软件开发和运用都基于海量金融数据信息，而金融数据供应商集中度较高，这导致众多用户很可能是采用同种或者类似的算法策略进行辅助投资，致使市场主体投资决策趋于扁平化、一致化。极端情况下，很可能出现大量投资主体同时获得相同的市场最新信息，同时作出相同的投资决策，进而迅速拉高投资标的价位。在投资标的价位被拉高时，其他辅助决策软件又会迅速发现"上涨趋势"并采取各自的"追涨"策略。在下跌过程中也会出现类似相反的情况。这将导致投资行为的羊群效应，加剧金融市场的顺周期性。[①]

第四，大型科技公司集团内跨行业、跨领域金融产品相互交错，导致金融产品和业务边界模糊，风险隐蔽性与破坏性会更严重。金融服务必须满足特定资质要求，坚持持牌经营原则，严格准入和业务监督管理。若大型互联网企业大量开展金融业务，但却宣称自己是科技公司，不仅是逃避监管，更容易无序扩张，造成风险隐患，不利于公平竞争，也不利于消费者保护。此外，大型科技公司往往同时提供多种类金融产品和服务，这些金融产品和服务业务在传统框架下往往边界较为清晰，相互之间设有"防

---

① 王去非. 金融科技发展中的若干关系问题探析 [J]. 金融与经济，2019（5）.

火墙"，监管要求相对明确，但大型科技公司的介入和技术的运用相当程度上改变了一些金融产品和服务的结构、功能和性质，造成这些产品和服务的边界模糊、性质易混淆，为监管套利提供了可能。

第四节　如何审视对大型科技公司的监管

对大型科技公司的监管，应充分考虑其庞大的客户群、信息获取渠道和商业模式，借鉴金融监管、竞争政策和数据隐私监管，建立更全面的监管框架，并侧重促进公平竞争，维护消费者权益和开放市场。同时，由于大型科技公司的运作跨越监管边界和地理边界，国内各部门和国际当局之间的协调至关重要。

一、重新审视竞争与金融稳定的关系

关于银行业的市场准入问题一直存在两种观点：一种观点认为，新公司进入银行业可有效促进竞争，因此应放宽银行业准入门槛，鼓励新的公司进入银行业；另一种观点则认为，银行业的适度集中或竞争力较低是可取的，这有利于金融稳定，因为这可以使得银行股东更有利可图，也更有可能谨慎行事，因此应严格银行业准入门槛。

从大型科技公司进入金融业看，其对市场竞争的影响可能不同于以上两种观点，这是因为大型科技公司具有大数据分析（Data）、网络外部性（Network）及交互活动（Activity）三大要素所构成的竞争优势，三者间的正循环使得市场竞争和数据之间建立了新的联系，大型科技公司可以通过控制关键的数字平台，如电子商务、搜索或社交网络，来建立和巩固它们的市场力量。一方面，当大型科技公司及其竞争对手（如银行）都依赖这些平台提供金融服务时，这种控制可能会产生直接的利益冲突并减少竞争。

另一方面，大型科技公司可利用其庞大的用户网络和外部网络效应迅速确立主导地位。以上将使大型科技公司在进入银行业等金融业后，迅速成为具有垄断力量的机构，反而不利于促进市场竞争。

二、同样的业务，同样的监管

监管必须维护公平。大型科技公司从事金融业务与传统金融机构从事金融业务，虽然商业模式、业务逻辑都存在明显的区别，但并未改变底层金融产品的属性。鉴于大型科技公司进军金融领域所拥有的独特优势及可能造成的潜在金融风险，迫切需要更好的监管框架，以便为银行、金融科技公司和大型科技公司提供一个更高水平的竞争环境，有效解决竞争扭曲及可能造成的潜在风险。因此，应坚持监管一致性原则，即在现有法律框架下，只要从事相同的金融业务，就要接受同样的监管，大型科技公司开展金融业务同样需要持有相应金融牌照，并按照实质重于形式的原则，落实穿透式监管和功能监管，保持监管政策取向、业务规则和标准的大体一致，坚决防止监管套利。

将大型金融科技公司纳入宏观审慎管理。大型金融科技公司业务范围广、涉众群体大、外溢性强，应明确其金融企业属性，参照"大而不能倒"的系统性金融机构或金融控股集团对其进行宏观审慎管理，并在资本充足率、资产负债率、信息披露等方面提出更严格的要求。同时，由于大型金融科技公司的业务模式与传统金融机构不完全一致，因此应创新监管指标体系，建立一套适用于监管大型金融科技公司的微观和宏观审慎监管指标体系，在与系统重要性金融机构的相应审慎监管标准总体一致的前提下，强化对大型金融科技公司的技术安全等其他附加监管要求。建立健全大型金融科技公司的防火墙，防止风险的交叉和传递。同时，要不断完善监管法律，为加强大型科技公司监管提供法律支持，加大对大型科技公司违法违规行为的处罚力度。

三、强化数据管理和隐私保护，防止数据垄断

数据是一种非竞争性商品——它可以被广泛使用而不会丢失。此外，由于数据是作为大型科技公司服务的副产品以零边际成本获得，因此自由共享数据在社会上是可取的。如果市场具有竞争力，开放的数据访问有助于降低客户的转换成本，在总体上促进竞争和金融包容性。问题的关键是如何促进数据共享，因为只有推动数据要素规范、高效、有序流通，数据才会产生价值。通过引入关于隐私保护等规则，同时有选择地允许共享某些类型的数据，可以有效降低大型科技公司因拥有大规模数据而享有的竞争优势，促进公平竞争。目前，部分国家和地区已就数据分享和数据保护制定了有关的规则。如欧盟、英国等已制定促进开放银行的发展政策措施，允许经授权的第三方金融服务提供商直接访问银行客户数据，在某些情况下银行也可以对等访问第三方金融服务提供商的数据。

不过，目前在数据利用层面，还存在若干难点。一是数据难以确权。金融机构、电商和互联网公司开展业务活动时收集了大量的数据，包括授权的数据、非授权的数据、行为痕迹数据、关联衍生数据等，但目前数据确权缺乏法规依据，数据权属难以界定。二是权属不易分离。数据可复制、易留存，所有权、控制权因为共享使用而发生让渡，给数据所有方对外共享数据带来顾虑。三是数据价值难以量化。数据要素有别于传统生产要素，它在形态上具有非实物、高度虚拟化的特点，这增加了数据使用计量的难度。数据的维度多元、内涵不同、结构复杂，它的价值难以单纯体量来进行量化。①

---

① 李伟. 做好数据治理 强化个人隐私保护 [J]. 清华金融评论，2021 (1) .

因此，有必要加强消费者权益保护，在平衡个人信息保护的基础上，加强数据管理，防止数据垄断。一是法律层面要加强对金融消费者和投资者的保护，推进数据要素权属立法保护，明确权属判定的准则、主体的范围和权利义务。尤其是要明确大型科技公司所持有巨量消费者数据的法律属性和财产权利边界，确保数据生产要素公平、合理、优化配置，防止数据垄断并借此获得超额利润。在严控数据滥用风险的同时，兼顾数据开放，推动数据共享，包括推动金融机构脱敏数据的共享，以及政府公共数据与私人部门数据间的共享。二是技术层面要借助多方安全计算、可信区块链、标记化等技术，确保数据可用不可见、可用可计量，做到最小够用、专事专用，消除数据所有方因为所有权让渡而导致事权转移的顾虑，保障各方权益①。三是要推动大数据交易市场规范发展，加快征信体系建设，发挥市场机制资源配置作用，促进数据有效流转和高效配置。四是加强数据反垄断监管。鉴于大型科技公司的技术优势和数据获取能力，向数据服务转型的牌照要严格管理，特别要加强对金融控股公司的监管。五是强化金融消费者隐私保护。完善个人数据采集、管理和使用的监管规则，强化数据隐私保护，加强金融管理部门与司法、工信、公安等多个部门的协同，建立隐私保护联防联控机制，明晰数据应用伦理边界。同时，做好个人金融信息的全生命周期保护自律工作。

专栏 3-1　主要经济体对大型科技公司的监管实践

　　近年来，主要经济体监管当局逐步开始加强对大型科技公司的监管力度，通过加大对垄断行为的处罚、立法加强数据信息保护等，完善金融科技监管框架，防止监管套利和风险交叉传染。

---

① 2021 年 1 月 9 日，人民银行科技司司长李伟在新金融联盟举办的"金融数据治理与个人信息保护"研讨会上的讲话。

美国方面，近些年美国连续发起对 Facebook、苹果、亚马孙等大型科技公司的反垄断调查，并于 2020 年实施了《加利福尼亚州消费者隐私保护法》，加强用户隐私保护；美国联邦存款保险公司技术实验室 2020 年 2 月发布《与银行开展业务——金融科技公司与第三方机构指南》，要求金融科技公司和第三方机构在与银行合作时充分理解银行法律框架，证明其有能力持续遵守相关法律法规并已建立适当的监控系统。

欧盟方面，2017 年至 2019 年，欧盟连续三年对谷歌开出天价罚单，金额达 82.5 亿欧元，并于 2018 年实施了《通用数据保护条例》，加强数据治理。2020 年 12 月，欧盟委员会提出《数字市场法》(Digital Markets Act，DMA)，该法案有望在 2022 年中由欧洲立法机构通过。从内容看，该法案将适用于 10~15 个全球数字平台，包括谷歌、苹果、Facebook、亚马孙和微软。《数字市场法》明确规定了该法限制的八类核心平台数字服务：亚马孙市场或谷歌和苹果应用商店等中介服务，谷歌搜索等搜索引擎，Facebook 等社交网络，YouTube 等视频共享平台，Facebook Messenger 等无电话号码的通信服务，苹果 iOS 等操作系统，Microsoft Azure 等云计算服务，Google AdSense 等互联网广告、交易所和中介服务。德国在 2020 年通过《反对限制竞争法》第十次修正案，加强对大型科技公司的监管。

近年来，中国也高度重视大型科技公司和平台经济所存在的问题，例如平台经济领域经营者要求商家"二选一"、大数据杀熟、未依法申报实施经营者集中等涉嫌垄断问题等，损害了市场公平竞争和消费者合法权益，对此监管部门也陆续出台多部监管法律法规，如 2021 年初中国颁布《国务院反垄断委员会关于平台经济领域的反垄断指南》，针对较为突出的平台经济领域竞争问题，明确反垄断监管的基本原则、具体思路和有效方式，例如明确"二选一"、大数据杀熟等可能构成滥用市场支配地位限定交易行为，以加强平台经济领域反垄断监管。大型金融科技公司监管方面，2020 年，出台实施《金融控股公司监督管理试行办法》，规定持有多个金融牌照的大型科技公司必须申请设立金融控股公司，对金融科技和互联网平台公司的金融活动实施审慎监管，并将蚂蚁集团作为首批金控公司监管试点的五家公司之一。同时，中国人民银行通过央行集中存管客户备付金，防止非银行支付机构占用、挪用客户备付金；还通过剥离非银行支付机构清算职能至新设金融基础设施，推动非银行支付机构回归支付主业。2020 年底，中国人民银行等四个金融管理部门联合约谈蚂蚁集团，指出蚂蚁集团经营中存在的公司治理机制不健全；法律意识淡薄，藐视监管合规要求，存在违规监管套利行为；利用市场优势地位排斥同业经营者；损害消费者合法权益，引发消费者投诉等主要问题，并对重点业务领域提出整改要求：一是回归支付本源，提升交易透明度，严禁不正当竞争；二是依法持牌、合法合规经营个人征信业务，保护个人数据隐私；三是依法设立金融控股公司，严格落实监管要求，确保资本充足、关联交易合规；四是完善公司治理，按审慎监管要求严格整改违规信贷、保险、理财等金融活动；五是依法合规开展证券基金业务，强化证券类机构治理，合规开展资产证券化业务。[①]

---

① "中国人民银行副行长潘功胜就金融管理部门约谈蚂蚁集团有关情况答记者问"，参见 ht-tp：//www.pbc.gov.cn/goutongjiaoliu/113456/113469/4153479/index.html.

第四章　如何看待数字货币的兴起与发展

第一节　多维度看数字货币的发展

从数字技术的迭代与发展非常快，如果只是基于当前的技术角度去看待数字货币的属性，很容易陷入"盲人摸象"的境地，导致认识上的误区。例如，有人认为数字货币的基本特征是基于区块链的分布式账本数据库和基于共识机制算法的去中心化自治组织体系，如不满足以上特征就不能称为数字货币。基于以上认识，人们最初认为可以通过去中心化的技术和发行数量限制来确保数字货币价值的稳定，但比特币的发展证明这种认识并不准确；而天秤币（Libra）为了提高交易效率而放弃一定程度的去中心化，说明此前关于数字货币必然是去中心化的认识也不一定准确。这些认知的误区，实质上是由于单纯从技术层面的视角去看待数字货币，而没有从货币发展的历史与制度变迁等视角去分析。因此，对天秤币的讨论与研究不应局限于其本身，更应聚焦于天秤币概念所体现的数字货币的发展趋势。看数字货币的发展，还是应从货币发展史、货币职能、货币制度、货币政策等全方位审视，这样得出的结论才会相对准确且令人信服。

一、货币形态演进的维度

从货币形态演进看，货币的安全性、便捷性、低成本性不断凸显。货币经历了从实物货币、金属货币到纸币以及数字化货币的演变，货币形态由具有价值与使用价值的商品或金银异化为一张没有任何价值与使用价值的纸片、塑料卡片甚至数字影像。人类社会早期，在以物易物的状态下，贝壳等物品因为易保存、易交换而成为主要交易媒介。随着人类掌握了冶金技术，以金银为代表的金属货币因为价值贵重、易于分割、便于携带等特征，逐步成了主要的货币形态。但金属货币的使用存在几方面缺陷，如大规模交易会携带不方便、易出现"劣币驱逐良币"、储量及开采等限制导致发行数量有限，一旦经济增长超过金属货币增速，容易导致通货紧缩等经济问题，中国明清时期就出现过白银短缺的问题。随着货币记账功能的凸显以及自身价值的淡化，就出现了纸币。我国早在宋朝时期就开始使用交子，以铁钱作为抵押换取票据进行流通，可以说是真正意义上的货币。与金属货币相比，纸币制作成本低，更易于保管携带和运输，避免了铸币在流通中的磨损，可以在较大范围内使用，有利于商品的流通，促进了商品经济的发展。但纸币也存在一定的缺陷，如容易造假，最重要的问题是纸币的发行取决于政府信用和自身发币欲望，如果政府控制不了发币欲望，很可能造成恶性通货膨胀，进而导致经济危机甚至社会危机。再后来，随着信息技术的进步，货币的数字化时代到来，货币逐步变成一连串储存于计算机中的数字影像，这对于大额支付而言尤为有利，尤其是对于全球化时代的国际贸易，电子系统使得跨境支付尤为便捷。从货币形态的演进可以看出，货币的安全性、便捷性、低成本性不断凸显。安全性意味着货币不易被伪造，在保存、运输过程中不易损坏和丢失；便捷性意味着货币在支付、流通过程中使用更方便，结算速度更快；低成本性意味着货币的制造成本、流通成本、兑换成本等不断降低。数字货币所具有的加密、匿名、安全、快速、便捷、低成本等特征正好符合以上趋势，这才是数字货币广受关注的原因。因此，只要数字货币的发展符合货币发展的整体方向，则不必拘泥于采用何种技术架构、是否去中心化、是否采用区块链技术等，

"不管黑猫白猫,能捉住老鼠就是好猫"。

二、货币发行的维度

从货币发行史看,货币经历了从分散到集中、由民间主体发行到有国家信用支撑的中央银行发行的过程。

一是货币作为准公共品,与国家主权密不可分。货币有不同类别,如商品货币和信用货币;也具有多种属性,如自然属性和社会属性。从货币的自然属性及早期货币来看,可视为私人物品;从现代货币及其职能来看,至少可视为准公共品,而大范围提供准公共品的最佳方式就是由政府部门提供。在爆发危机时,如果出现流动性不足,也可由中央银行紧急提供流动性,避免危机扩散。二是货币只有得到独立、可靠的公共机构支持,才能充分实现其社会经济功能[1]。货币的发行经历了从分散到集中、由民间主体发行到有国家信用支撑的中央银行发行的过程,这是因为货币的民间分散发行难以满足经济社会发展的需要,而中央银行发行更有助于保证货币的安全性、便捷性和低成本性,更有助于提升货币的经济效率。由于信息生产成本高昂,人们了解每一个货币发行人信誉的成本很高。而公共机构本身享有公众信任,因此由政府公共机构支持的货币能有效替代了解信息的需要,有效降低货币的交易成本。整体来看,各种形式的货币中,最成功的货币总是受益于强有力的体制支持,这种支持保证了货币的可靠、可用、价值稳定且被广泛接受。而只有拥有强大授权且相对独立的央行,才能提供这种强力支持,以发行可靠的货币形式,并严格维护公众对它们的信任。因此,虽然私人加密货币能满足货币的部分功能,但几乎或根本没

---

[1] Yves Mersch, Member of the Executive Board of the European Central Bank, "Money and private currencies-reflections on Libra," Speech at the ESCB Legal Conference, Frankfurt am Main, 2 September 2019.

有可能成为中央银行发行的法定货币的可行替代品，货币（包括数字货币）由中央银行集中发行的历史趋势很难改变。

第二节　数字货币的货币职能与属性

随着信息技术的进步，货币的数字化进程不断演进，其所体现的货币职能不断拓展，货币属性不断增强。货币数字化的初期，主要体现为银行卡、公交卡、网络货币（如 Q 币）等为代表的电子货币，其实质是实物现金的电子替代品，可回兑为等值的法定货币。这时，电子货币行使的主要是货币的支付职能，例如公交卡、网络货币等都是需要在特定地理区域或网络社区才能发挥货币的支付职能。不过电子货币、虚拟货币等数字化货币与目前所讨论的数字货币是两个概念，这是因为无论是技术架构、特征、实现场景等方面都有显著差别。当然，数字货币的发展也在不断演进，从比特币到天秤币，其技术架构与特征也在发生改变，但体现出的货币职能却越来越多，货币属性也越来越强。

一、比特币等社群加密数字代币货币属性较弱

社群加密数字代币是指没有国家信用背书、根据社群的认可度来做背书的数字货币。无论是它的发行还是交易，都离不开社群主体对共识规则的认可。比特币是第一个去中心化的社群加密数字代币，此后又产生了许多类似的数字货币，这些数字货币主要在发行量、确认时间、使用算法等方面做了一些改变，本质上都属于去中心化的社群加密数字代币。

以比特币为例，一是比特币作为交易媒介的功能较弱。目前全球的数字货币种类多达 2000 多种，其中比特币最为成功且接受度最高，尽管如此，比特币作为交易媒介的认可度依然较低。这是因为处理比特币需要花费大

量的时间和成本。比特币交易通常需要 6 家矿商进行确认，由于比特币每 10 分钟 1 块钱的恒定开采速度，处理交易可能会需要 1 个小时，在网络堵塞的情况下，一次确认交易的平均时间很可能会几个小时，而且使用比特币进行支付的成本也很高。二是比特币作为价值尺度以及价值储藏的功能较弱。与传统的电子货币或纸币不同，比特币既非某个人或机构的负债，也无政府担保支持，而是一种缺乏内在价值的商品或资产（虽然纸币也没有内在价值，但有政府信用担保）[①]。比特币的价值纯粹依赖于人们认为未来某个时点其能交换其他货物或服务，或换回一定数额主权货币，这种信仰导致比特币存在广泛的投机，币值极不稳定、波动极大。例如，2018 年 1 月，比特币价格一度接近 20000 美元，此后币值大幅震荡调整，2018 年底比特币价格一度跌至 3200 美元，2019 年 6 月又重回 10000 美元上方。三是固定的总供给与持续变动的总需求不相匹配。由于算法解的数量确定，比特币的总量固定（这与金融货币非常相似），这种情况下，即便不存在投机，固定的总供给与持续变动的总需求也会导致比特币价格持续波动。整体而言，比特币的货币职能比较弱，难以被视为一个完整形态的货币，更多体现为一类数字资产。[②]

二、天秤币等数字稳定币的货币职能与属性更强

数字稳定币是一种采用区块链技术加密的数字资产，常通过与一种或多种资产（如主权货币）挂钩的方式保持稳定币值。自 2015 年美国私人部门首次推出采用数字稳定币理念设计的"泰达币"以来，全球数字稳定币

---

① Bank for International Settlements（BIS），"Digital Currencies," Report of the Committee of Payments and Market Infrastructures，November 2015.

② Aleksander Berentsen and Fabian Schär，A Short Introduction to the World of Cryptocurrencies，Federal Reserve Bank of St. Louis REVIEW，First Quarter 2018.

发行日趋活跃。截至 2019 年 6 月底，市场上流通的数字稳定币共有 66 种，另有 134 个数字稳定币项目计划推出。相较于比特币等社群加密数字货币，数字稳定币的货币职能与货币属性更强，主要体现在以下几方面：一是在支付领域发挥更广泛的作用。与比特币相比，天秤币以放弃一定程度的去中心化来提高交易效率，通过改进与简化程序语言、共识算法等技术，预计结算速度将大幅提升。同其他数字稳定币相比，天秤币可以利用 Facebook 全球 27 亿的海量用户平台进行广泛应用，区块链技术又可使天秤币大幅降低跨境支付结算成本。但由于很多国家国内转账交易成本已经较低，天秤币对国内交易成本的降低可能有限。如中国消费者会选择手机银行或支付宝、微信等进行支付，交易成本很低，便捷性也很高；而欧央行推出的泛欧实时支付结算系统（TARGET Instant Payment Settlement，TIPS）能向消费者和企业提供 7×24 小时的高性能支付解决方案，欧央行认为泛欧实时支付结算系统"比可疑的基于市场的零售支付创新"更安全、更经济。[①] 二是天秤币更能发挥货币的价值尺度和储藏手段的职能。如果说比特币像黄金，那么天秤币则类似于特别提款权（Special Drawing Right，SDR），由一篮子法定货币构成（或以美元为基础），同时以银行存款和短期政府债券为担保发行，是具有稳定的信用基础和价值的"数字稳定币"，可能会被广泛用于某些商品的计价，作为货币的记账（价值尺度）和储藏的功能更明显。

但天秤币作为货币也存在诸多风险。例如，虽然天秤币可能采用"部分去中心化"的联盟链，但本质上还是具有数字稳定币"去中心化+价格稳定"的特点，而由"中心化"的机构发行"去中心化"的数字稳定币本身就是个伪命题，况且由于天秤币作为私人货币，发币机构存在滥发数字稳定币的道德风险。再如，从数字稳定币发行人角度看，如果数字稳定币不

---

① Yves Mersch, Member of the Executive Board of the European Central Bank, "Money and private currencies – reflections on Libra," Speech at the ESCB Legal Conference, Frankfurt am Main, 2 September 2019.

计息，但支持他们的硬通货却有投资回报，数字稳定币发行人可能会从中获利。此外，科技巨头可以利用它们的网络来排斥竞争对手，使信息货币化。这种能力的核心是对客户交易数据的专有访问权。我们需要新的数据保护、控制和所有权标准。

三、天秤币等数字稳定币对金融监管的挑战

在金融体系中存在"合成谬误"问题，即从微观层面上看单个金融机构的行为是合理的，但若每个金融机构都采取同样的行动，则会带来宏观层面上的系统性风险。同样，对天秤币等数字稳定币的使用也可能导致"合成谬误"，即微观个体（单个居民或企业）出于提高支付效率与安全、降低成本等目的而选择使用天秤币，即便这种行为从微观层面看是合理的，但如果大多数甚至所有人都选择使用天秤币，则会严重冲击一国货币与财政主权，甚至导致系统性金融危机等。因此，对于私人加密数字货币，既要重视其在微观层面的安全、快捷、低成本等优势，也应重视在宏观层面可能导致的潜在风险，防止"合成谬误"，避免对公共利益的损害。具体而言，私人数字货币的大范围使用可能面临以下挑战与风险。

第一，增加了资本管制难度。天秤币为资本流动提供了新的渠道，且区块链技术应用使天秤币具有匿名、点对点交易特性，这将加速资金跨境流通，增加对资本流动监测的难度，加大本外币跨境资金管理的压力。增加外汇管理的难度。天秤币可为用户提供便利的跨境支付并且与法币实现双向兑换，如持有者用美元购买天秤币，再用天秤币向另一经销商换取人民币，对各国的外汇管制提出了挑战。对"三反"监管带来挑战。天秤币支付具有匿名、加密等特点，虽然能保证交易的安全性，却也给反洗钱、反恐怖融资和反逃税等全球监管带来巨大挑战。对此，监管人员需要适应更分散的稳定币价值链，包括钱包提供商、加密交易所、验证节点和投资

工具等。

第二，冲击货币与金融主权。天秤币具有匿名、加密、自由流动等特性，将导致难以监测其跨境流动，以及借贷所带来的货币创造和社会融资总量变化，降低主权货币流通速度和货币乘数、扭曲货币政策传导机制等，导致央行难以有效调控货币供给量，影响货币政策有效性。这一影响在天秤币流通的所有国家都可能发生。此外，天秤币的全球化也会对弱势货币构成威胁，尤其是在高通胀和体制薄弱的国家，人们可能会放弃当地货币来换取外币支撑的稳定币，小型经济体的货币存在被天秤币取代的可能，这将是一种新的"美元化"形式，并可能破坏货币政策、金融发展和经济增长。对我国而言，如果人民币不在天秤币货币篮子或在其货币篮子中但占比较低，都会影响人民币国际化前景。

第三，冲击财政主权。长期以来，各国央行一直代表纳税人获取货币面值与制造成本之间的差额所产生的利润。如果天秤币部分甚至完全替代法定货币，政府将丧失部分或全部货币发行权，这意味着政府将无法征收"铸币税"，政府财政收入将大幅减少，而且政府也将丧失财政赤字货币化的手段，导致政府融资能力下降，存量债务风险增加。

第四，导致货币与财政政策不协调，进而导致经济危机。欧洲主权债务危机的案例告诉我们货币政策与财政政策统一、协调的重要性，否则很可能会导致金融或债务危机的爆发。因此，一种货币如果要成为真正的全球货币，就需要各国让渡自身货币主权和财政主权，统一货币与财政政策，但在可预见的未来，这种"世界大同"的可能性根本不存在。2019 年 G20财长和央行行长联合声明中也指出，加密资产缺乏主权货币的关键属性，在某种程度上可能会对金融稳定产生影响。因此，出于维护本国货币和财政主权、维护金融稳定、防范系统性危机等考虑，各国很难让天秤币（或类似数字货币）真正在本国流行，甚至完全替代本国货币。

四、强化私人加密数字货币监管成大趋势

国际组织、各国央行和监管机构对数字货币等加密资产的态度不一，既有像中国、印度、印度尼西亚等直接禁止的，也有像美国、英国、法国、澳大利亚、日本等采取具体行动实施严格监管的。整体而言，多数国家对私人加密数字货币持开放和审慎监管态度，但整体监管方向趋严。这是因为，最初许多国家的央行和监管机构并不认为这些私人数字代币是"货币"，因为它们的价格波动非常剧烈，美国等国家将加密数字货币当作一种金融资产来看待，且这些加密数字货币应用范围较小，尚未对金融稳定、货币与财政政策等造成严重冲击。但由于天秤币等稳定币背靠 Facebook 庞大的互联网络和用户群体，一旦落地，传播与扩散速度惊人，对反洗钱、反恐怖融资以及金融稳定等的冲击相信会非常迅速和巨大，因此多数国家开始更加审慎地对待天秤币的落地，包括采取准入限制、限制使用范围、严监管等措施①。近年来，美国、英国就在加大加密资产风险防范力度。美国证券交易委员会 2020 年初发布风险提示，表示首次交易发行（Initial Exchange Offering，IEO）可能违反证券法，提醒投资者警惕此类利用新技术概念进行虚假高额回报承诺的行为。英国金融行为监管局也于 2020 年 1 月宣布将加密资产活动纳入反洗钱和反恐怖融资监管，要求所有加密资产交易和钱包服务商进行注册。国际证监会组织 2020 年 3 月发布《全球稳定币计划》报告，认为全球稳定币适用证券市场监管框架。一旦失去政府支持或受到严格监管，天秤币等稳定币就很难成为真正的全球货币，当然这并不妨碍其在部分国家和地区或部分领域使用。有观点认为，虽然天秤币本身能否成功要打上一个问号，但它试图盯住一篮子货币的想法，代表着未来

---

① Chair's summary: G7 finance ministers and central bank governors' meeting, Chantilly, 17 - 18 July 2019.

可能出现一种全球化货币的趋势。①②

第三节　各国对数字货币的态度

一、央行数字货币可能是更好的选择

天秤币由于面临的严监管可能很难成为真正的全球货币，未来可能不会成为全球货币体系的主角，但是天秤币可能成为促进货币变革的催化剂，迫使货币当局和监管机构在央行管理的数字货币和风险较高的私人数字代币之间作出选择。这种选择权衡的核心点是：为遭受金融抑制的居民提供更多金融选择的金融包容体系，但代价是政府收入减少（在这些国家其公民受益）、可能更不稳定的资本流动，甚至系统性风险。但选择的结果往往会偏重于后者，因为各国央行对维持对支付系统以及更广泛的金融部门的控制，以及捍卫本国货币的吸引力有着浓厚的兴趣，对防范系统性风险也有着更强的责任感。目前各主要国家和地区央行已经接受了货币领域的技术发展，并在积极探索研究发行央行数字货币（Central Bank Digital Currency，CBDC）。

相对于私人部门发行的数字货币，央行数字货币可能存在以下优势。第一，中央银行和监管机构可以更容易地保证消费者保护，确保隐私标准，并在直接参与提供数字货币时检查支付的合法性。原则上，像天秤币这样的私人货币发行人可以受到同样的监管和监控。但经验表明，当利益完全不协调时，在实践中是很难实现的。第二，传统上负责宏观经济和金融稳

---

① 袁佳，王清. 多维度看数字货币发展趋势 [J]. 银行家，2020（1）.
② 2019 年 7 月 9 日，在"中国外汇管理改革与发展"研讨会上，中国金融学会会长周小川围绕天秤币的发行对全球化形势下未来货币的发展等发表的观点。

定的当局（中央银行和金融监管机构）可以更好地管理涉及数字货币的宏观经济影响（及其国际影响），在一般情况下，央行至少始终可以确保数字货币的存款互换不会产生负面的宏观经济后果。第三，央行数字货币有助于提高支付效率，降低支付成本，助力普惠金融。在某些国家和地区，由于地理位置等原因，管理现金的成本可能非常高，并且在那些没有银行服务地区的农村人口或贫困人口可能无法使用支付系统，央行数字货币依托数字化和安全性优势，通过移动客户端和网络通信，提高金融服务覆盖面和便利化程度，提升金融普惠水平。央行数字货币可以降低成本并提高效率。其中，零售型央行数字货币一般作为现金补充，高效便利，与现有电子支付工具形成互补，增强支付市场竞争性。计息型央行数字货币不仅较电子支付工具更加安全，还具有储蓄功能，对现有电子支付工具有较强替代性。批发型央行数字货币有助于改善大额支付结算，提高跨境支付效率和安全性，降低支付成本，助力国际贸易和金融交易。第四，支付系统的稳定性更高，新公司进入门槛更低。在某些国家（如瑞典和中国），有越来越多的支付系统集中在一些非常大的公司手中。在这种情况下，一些中央银行将拥有自己的数字货币视为增强支付系统弹性和增强该行业竞争的一种手段。①

二、央行数字货币研究与设计要点

近年来，为适应数字经济发展，应对现金使用量下降，促进支付市场竞争，维护支付安全，进一步提高支付效率，提高金融普惠性，部分经济体央行启动央行数字货币研发工作。央行数字货币的发行模式是在一国的货币发行制度框架下，为实现央行数字货币发行，所采用的一系列组织流

---

① 张涛 . 央行数字货币的优势与挑战 [J]. 清华金融评论，2020（8）.

程模式。其设计要点主要包括数字货币的发行主体数量设计、层次设计、准备制度及定价机制等。数字货币体系的发行模式选择，决定了央行数字货币参与经济活动的方式、对其他经济参与方或是经济元素的影响和可能的互动关系，其中特别是影响到了中央银行的履职能力和货币政策传导路径。这些都关系到未来整个货币体系的整体框架，是设计央行数字货币体系的基础。

第一，从系统设计看，央行数字货币可分为基于账户（Account-Based）或基于代币（Token-Based），前者指通过开立在央行或者商业银行的数字货币账户进行交易，后者则是指在数字钱包间通过中心化或去中心化的结算系统使用代币进行交易。

第二，从发行主体数量看，数字货币体系可基于管理主体数量的不同，分为单一央行模式与多央行模式，即在同一数字货币运行框架下，是否允许不同币种的数字货币共同存在的问题。从目前的研究看，多数央行数字货币尚处单一央行模式验证阶段，少数央行数字货币在设计初期，考虑了多央行或类多央行模式，即与其他国家央行数字货币的衔接问题，甚至是与私人数字货币的衔接和统一运营管理问题。

第三，从运营方式看，法定数字货币的运行可以有两种模式，第一种是单层运营，是指由中央银行直接面向商业银行或者公众等央行数字货币的使用者发行。第二种是双层运营，是指遵循传统的"中央银行—商业银行"二元模式，先由央行把央行数字货币兑换给银行等机构，再由这些机构兑换给公众。

第四，从计息规则看，央行数字货币是否应该计息，及其对经济金融可能带来的影响，是央行数字货币研究的重要内容。一种观点认为，若仅是一种支付工具，不是一种计息资产，央行数字货币相当于各类传统支付工具的变体，等同于现金数字化。目前来看，不计息数字货币是各国开展央行数字货币验证工作时采取的主要形式。另一部分观点认为，支付央行数字货币应该计息,认为有息的央行数字货币可以提供安全的价值储存手段,回报率与短期政府证券或央行准备金等其他无风险资产相当。在研究央行数字货币对社会福利、经济增长以及金融市场影响的理论研究中,将央行数字货币设定为计息的居多。

第五,从是否匿名看,央行数字货币发行是否要匿名、匿名程度多少、对谁匿名、哪些领域匿名、如何平衡匿名与隐私保护之间的成本与收益、安全与风险的关系等,都是中央银行必须要面对的。尽管央行数字货币在某些情况下是现金的替代品,但中央银行在发行数字货币时仍必须确保满足反洗钱、反恐怖融资、反逃税等要求,因此央行数字货币需要对交易方、第三方、政府及监管机构等不同角色提供不同程度的匿名性,与各项监管政策相匹配。

三、国际上央行数字货币的发展

根据国际清算银行 2020 年第四季度对 21 个发达经济体和 44 个发展中经济体的央行调研,过去 4 年,积极开展央行数字货币相关工作的央行占比增长了约 1/3,达到 86%。其中,各国央行主要关注零售型央行数字货币,普惠金融和提升支付是主要动因。数据显示,调研央行在央行数字货币方面的工作正从概念验证进入试验阶段,约 60%(2019 年为 42%)正在进行概念验证或试验,14% 正在推进试点安排。

少数经济体央行开始试点运营央行数字货币。例如,瑞典央行为顺应非现金支付趋势、降低发钞成本,于 2017 年启动电子克朗(E-krona)研发工作,并于 2020 年 2 月开始试点。近十年来,瑞典的现金使用量急剧下降,这一情况推动瑞典央行加快研发央行数字货币的进度。E-krona 定位于现金的补充工具,属于零售型央行数字货币,不计付利息,采取双层运营模式,运用分布式记账技术,遵循有限匿名。此外,中国、乌拉圭、乌克兰、柬埔寨、巴哈马等国央行也开展了央行数字货币试点。

部分经济体央行正在研发试验央行数字货币。例如，日本央行和欧洲央行为提高跨境大额支付和证券结算系统效率，2016 年提出并联合研发批发型央行数字货币（Stella 项目），对经济体内银行间结算、券款对付结算、同步交收结算、平衡保密性与可审核性等方面分别实施测试并取得预期目标。2019 年 12 月，欧央行发布报告，介绍了零售型央行数字货币方案（EURO chain 项目），定位为现金替代，采取双层运营模式，遵循有限匿名，目前正在开展研发。2020 年 7 月，日本央行发布探讨央行数字货币普及性和运营弹性的技术报告，并表示将通过实证试验探索央行数字货币的可行性。英格兰银行 2015 年提出 RSCoin 项目，与伦敦大学合作研究央行数字货币，并开展了小规模试验。RSCoin 采用中心化和分布式记账相结合的混合型架构，是一种采用双层运营模式的零售型央行数字货币。2020 年 3 月，英格兰银行系统阐释了零售型央行数字货币的设计思路，从发行目标、设计原则、运营模式、系统应用技术等多个维度呈现了对未来央行数字货币的构想。英格兰银行指出，未来发行的央行数字货币是对货币形态和相关支付基础设施的创新，将采取与私营部门合作的模式，以作为现金的补充，提升英格兰银行实现政策目标的能力。

一些经济体央行正在论证央行数字货币可行性，但尚无具体研发计划。美联储正在对央行数字货币的成本与收益进行评估，并进行关于分布式记账技术及其在数字货币（包括央行数字货币）领域潜在用途的研究和试验。澳大利亚、印度、意大利、挪威、丹麦等国也正在积极开展央行数字货币研究。①

---

① 中国人民银行金融稳定小组．中国金融稳定报告 2020 ［M］．北京：中国金融出版社，2020.

四、各国央行根据自身实际设计发行数字货币

通过梳理主要国家央行和国际组织对于央行数字货币的研究，可以得到以下结论。

第一，一国央行应根据发行目标来开展央行数字货币设计。如果目标是研发新的法定电子支付工具，则应该是具有不计息的、与现有法定货币等额兑换的、存款准备金为抵押等特征的数字货币；如果目标是以此形成新的货币政策工具，则应是计息的、以国债或其他高等级债券为抵押的数字货币。

第二，央行数字货币对金融体系的影响，与央行数字货币的设计要点选择息息相关。综合来看，单层运营、计付利息、基于价值（采用区块链等技术）、以国债为抵押品的央行数字货币对金融体系影响较大。例如，是否采用区块链技术就需要客观分析，区块链技术有去中心化、不可篡改等好处，但去中心化不见得是支付体系现代化真正特别需要的内容，目前金融机构的账户系统被篡改的可能性实际上非常小、发生概率也非常低，而且区块链技术还可能对支付带来不少弊端，交易出错时进行主动修改就是个问题。

第三，综合考虑央行数字货币对货币政策、存款、市场流动性影响，一国的央行数字货币设计，也应由易到难，先考虑双层运营、不计利息、允许多种技术实现方式的、具有电子支付工具特征的央行数字货币，确保对市场影响最小，防范并化解金融风险，服务实体经济，优化支付生态。

第五章　如何看待金融消费者权益保护

当前，随着科技与金融业全方位融合序幕的开启，以互联网、大数据、云计算、人工智能、区块链为代表的现代信息科技开始被广泛应用于金融领域，"科技+"为金融实现跨越式发展注入了全新的驱动力。互联网技术和移动终端的快速发展和普及，使金融服务逐渐由线下向线上迁移，金融服务全面迎来"在线时代"。金融机构通过自建或租用云平台的方式搭建核心系统，完成基础设施向"云上"跃迁，不仅能够承载日趋复杂的业务场景，也为有效应对高并发情况、开发新金融消费场景、提升运营效率、控制经营成本提供了技术解决方案。金融机构利用大数据技术对客户进行"精准画像"，为实现精准营销、增强风控能力、丰富消费场景、增强消费者黏性提供了可能。人工智能技术的发展和应用能够对信用管理、风险控制、营销、客服以及催收管理等流程进行智能化改造，推动金融业进行"智能化时代"。作为一种分布式记账技术，信息透明、难以篡改、匿名性、智能化执行等特点赋予了区块链技术缓解金融消费者权益保护"痛点"问题的可能。

然而，不可忽视的是，在科技为金融服务全方位提质增效的同时，也给金融消费者权益保护带来了新的风险挑战。在"科技+金融"产品日趋复杂的情况下，金融消费者所掌握的金融、科技知识略显匮乏；金融服务可获得性的提升带来的过度负债问题已逐渐凸显；在开放的互联网环境下，金融消费者数据和信息时刻面临着泄露风险；部分平台凭借"技术优势"和"流量优势"形成"垄断优势"，侵害金融消费者权益的现象时有发生。鉴于此，在鼓励和支持科技创新助推金融服务转型升级的基础上，研究如何全面加强金融消费者权益保护工作具有很高的理论价值和现实意义。

第一节　当前金融消费者保护面临的 "痛点" 问题

虽然科技在金融业的应用对于推动金融普惠发展大有裨益，但也带来了一系列新的风险问题，这导致金融消费者权益侵害事件频发，给我国金融消费者权益保护工作带来了新的挑战。

一、金融消费者面临金融和科技 "双鸿沟" 困境

在金融科技时代下，互联网消费金融已经与科技进行了深度融合，科技已经与互联网消费金融开启了全领域、全流程的融合。但是与互联网消费金融的新技术、新产品更新迭代速度相比，金融消费者通常缺乏足够的金融专业知识，也不尽了解科技运行和应用机理，金融素养和科技素养整体水平并不高。比如，科技使部分互联网消费金融产品更容易获得，能够令更多的消费者便利、低成本地享受 "科技+金融" 带来的福利，但从本质上看，这些产品不仅包含了金融属性，也被赋予了科技属性，其业务复杂性不降反升，对金融消费者的金融知识水平和科技知识水平提出了更高、更多的要求；在开放的互联网环境下，金融消费者的个人信息、行为数据面临更大的泄露风险，金融消费者如何提升金融数据敏感性、隐私保护意识已成为金融消费者权益保护中的一个重要议题。此外，一些不法分子打着金融创新的旗号，利用仿冒 App、钓鱼网站金融对消费者实施精准欺诈，这也要求金融消费者要持续提升对伪金融科技的判别能力。只有不断提升金融消费者金融和科技素养，才能缩窄金融和科技鸿沟，使金融消费者更加充分享受 "科技+金融" 带来的红利。[①]

---

① 李东荣. 提升消费者数字金融素养需多方协力 [J]. 清华金融评论, 2020 (6).

二、金融消费者面临过度负债难题

第一，从服务对象来分析，互联网消费金融平台向低学历、低收入人群渗透趋势加剧。第 47 次《中国互联网络发展状况统计报告》显示，截至 2020 年 12 月，专科及以下学历网民群体占比达到 90.7%，月收入 3000 元以下网民占比达 51.1%。[①] 中国银行业协会发布的《中国消费金融公司发展报告（2020）》也指出，在调查中，有 11 家消费金融公司反映，月收入在 3000 元以下的客户占比虽不足 25%，但却不断上升；有 4 家消费金融公司反映，月收入在 3000 元以下的客户占比超过 50%，向低收入群体服务的特点突出。[②] 这部分群体由于收入不稳定，一旦还不起贷款，容易陷入"借新还旧、以贷养贷"的困境。

第二，互联网消费金融产品过度营销产生诱导。在消费场景化日益发达的环境下，电商平台基于数据挖掘技术精确分析用户金融行为特征，给用户大量推送金融营销广告和具有吸引力的商品，继而在支付环节提供各种"分期、免息、免费"金融产品，对资信脆弱人群形成了极大的诱惑，导致"超前消费""过度消费"盛行，使消费者背负沉重的债务包袱。如一项对在校大学生的调查显示，在杭州，45% 的调查者经常使用花呗，使用后，25% 的同学出现过度消费现象，20% 的同学有逾期偿还的情况。再次，贷款成本高企导致金融不"惠"。以某消费金融公司的消费金融产品为例，贷款金额为 1000~10000 元，可分期 10~24 期，年贷款利率 21%，年客户服务费 14.57%，综合息费年利率接近 36%。还有一些信贷产品，名义上利率低于 36%，但如果按复利计算可能会达到 70%~80%，再加额外的贷款服务费、咨询费等，整体费率甚至会超过 100%。

---

① 中国互联网络信息中心. 中国互联网络发展状况统计报告［R］. 2021.
② 中国银行业协会. 中国消费金融公司发展报告（2020）［R］. 2020.

第三，部分游离在金融监管之外的金融中介通过互联网渠道，以"低息、低费、快速、无抵押、无担保、无须审查征信"等字眼诱致金融消费者贷款，极易使其陷入"贷款陷阱"。

三、信息过度采集与数据泄露风险并存

一方面，部分互联网消费金融平台过度采集用户数据并加以使用。根据监管要求，消费金融机构开展业务应遵循信息采集最小化的原则，但平台往往利用市场优势，不仅要消费者上传个人身份信息和生物特征，其消费和支付等行为数据也会被采集，甚至个人数据库也会被要求授权访问。2021年2月，广东省通信管理局对12款金融理财类App存在的侵害用户权益问题进行通报，其中有9家都存在未列明App所集成第三方SDK收集使用个人信息的目的、方式和范围的问题。此外，在注册登录时以默认方式同意隐私政策、未经用户阅读并同意隐私政策提前申请获取终端权限等问题也比较普遍。消费金融机构在大量获取用户未经授权的数据后，往往会对数据进行加工，分析用户的社会属性、生活习惯、消费偏向等，进而有针对性地推送广告、商品、促销等并获利。

另一方面，数据泄露风险不容忽视。当下，消费金融机构不仅掌握着消费者各种金融和非金融信息，还掌握着消费者的消费习惯、支付偏好、社交网络等行为数据。一旦保管不当或遭受网络攻击，容易导致隐私泄露，甚至造成重大财产损失和人身安全隐患。此外，在数据要素日益重要的大背景下，可能催生部分平台将金融消费者个人信息和行为数据"打包出售"的违法违规行为。2020年12月，中国消费者报社联合数字一百数据研究院联合发布的《消费信贷行为及金融消费者维权意识调查报告》显示，有29.2%的受访者表示遇到过侵权行为，其主要表现为疑似个人信息泄露（占比为55.2%）。

四、技术本身存在缺陷，降低消费者体验

一是容易对金融消费者固化分层，产生消费歧视。互联网消费金融平台根据掌握的金融消费者的财务、社交、消费习惯等信息，利用大数据技术生成画像，并据此来推荐相应的产品、服务和定价。但由于数据搜集维度和核心算法基本是趋同的，当所有平台都采用同样或类似的刻画工具，就会造成一部分弱势群体没有办法获得金融服务或始终不能得到最优质服务，导致金融不"普"。二是部分没有经过很好验证的技术仓促投入使用，其致命的技术缺陷和算法漏洞会产生系统性风险。

五、寡头垄断和不正当竞争隐患凸显

科技有利于提升互联网消费金融平台的服务效率和质量，但是也需要警惕金融科技过度使用造成部分大型科技公司形成市场垄断和不公平竞争。一是部分科技公司可能凭借其掌握的海量数据，通过算法对金融消费者进行"层级划分"，使部分用户黏性较强、价格不敏感的消费者难以享受优惠服务。二是部分科技公司可能凭借着技术、渠道、流量等优势，垄断数据获取途径，阻碍行业公平竞争。三是部分科技公司可能借助其技术和渠道优势，使金融消费者难以摆脱对其的依赖。

第二节　全面保障金融消费者权益的政策建议

一、通过多种方式加强金融消费者教育，提高其金融、科技素养

第一，金融监管机构、金融机构要利用多样化的教育载体，设计丰富的

场景，随时随地对金融消费者开展金融和科技知识教育。通过线上线下相结合的方式打造固定、便捷、契合金融消费者偏好的渠道，向金融消费者推送最新的金融知识和科技知识，最大限度地填补金融消费者的"知识鸿沟"。

第二，由金融监管机构牵头，结合金融科技等主题，定期或不定期开展有针对性的金融知识和科技知识普及教育活动，通过活动中"面对面"的介绍和讲解，为金融消费者答疑解惑，帮助其树立科学的金融消费理念。

第三，加强对重点人群的关注和教育。金融监管机构、金融机构有必要和教育部门联合，广泛开展"金融知识进校园"活动，通过播放金融知识短视频、张贴宣传海报、印发金融知识手册、开展课堂游戏等方式加强对学生群体的金融知识教育，引导学生群体树立理性消费观念，并通过典型案例讲解，使其认识、防范校园贷、套路贷等非法借贷侵害，增强学生群体的自我保护能力。同时，金融监管机构、金融机构也要与社区、街道联合，组织"金融知识进社区"活动，通过印发手册、宣传海报等方式，让老年人群体及时了解金融领域的惠民政策、改革措施和发展现状等信息，帮助其建立理性投资观念，加深其对金融产品风险和收益的认知，防范各类新型金融诈骗，避免落入"金融陷阱"。[①]

二、探索金融消费者分层分级，最大限度地保护其权益不受侵害

积极推进互联网消费金融平台利用大数据技术对金融消费者进行分层分级，实现精准营销、合理推送，最大限度地保护其权益不受侵害。互联网消费金融平台可借助大数据技术，对金融消费者风险承受能力进行测评，根据金融消费者学历和工作信息、个人收入或家庭收入情况、投资经验、负债情况以及风险承受能力的差异，推送符合其风险承受能力的借贷产品。

---

① 赵大伟，李雪．金融科技背景下的金融监管研究——基于监管科技的视角 [J]．浙江金融，2020（4）．

对于风险承受能力较强、收入稳定、信用良好、有借贷经验的金融消费者，可以适度增加其借贷额度、降低借贷利率；对于风险承受能力较差、收入不稳定甚至缺乏收入来源、经常出现信贷违约、缺乏借贷经验的金融消费者，则应降低其借贷额度甚至拒绝向其提供贷款服务。对于长期有借贷需求的金融消费者，互联网消费金融平台可以实时关注其风险承受能力、收入状况、负债情况、信用情况等变化，对其分层分级情况进行动态调整。

三、引导金融消费者树立正确的消费和负债理念

一方面，金融监管机构、各类金融机构有义务引导金融消费者树立正确的消费和负债理念。第一，在保证必需消费的基础上，对于非必要消费应量力而行；第二，负债要与个人和家庭收入水平、风险承受能力相匹配；第三，在互联网平台借款时要明确利率和费率，相关信息必须在电子合同中载明，拒绝承担不在合同范围的费用。另一方面，金融监管机构和金融机构要通过多种渠道让金融消费者认识到过度负债带来的危害，利用案例讲解的方式对其形成警示作用。首先，过度负债会导致个人和家庭面临巨大的生活压力、财务压力，影响个人身体健康和家庭和谐，特别是突发情况出现时，容易对个人和家庭带来严重冲击；其次，如果一旦资金链断裂，出现还款逾期，则势必会在个人征信上留下不良记录，将对未来生活、就学、就业等方面产生诸多不利影响；最后，当过度负债群体扩大时，会对金融稳定甚至社会稳定带来冲击，可能成为金融危机爆发的诱因。

四、规范互联网消费金融机构宣传工作，减少对金融消费者的不适当引导和干预

互联网消费金融平台违规营销宣传不仅会误导金融消费者，也会给平

台带来声誉风险，更不利于整个互联网消费金融行业的健康发展。随着"严监管"逐渐成为金融监管的主基调，互联网消费金融平台必将面临更多、更高的合规要求，提升营销宣传合规水平势在必行。

第一，相关部门要加强对互联网消费金融平台宣传广告的监测监管，审核互联网消费金融有关消费金融产品和消费金融服务的真实性、合法性等问题。

第二，加大对互联网消费金融平台违规宣传行为的惩处力度，不仅可以对涉事机构开出高额罚单予以警示，还可考虑对违规宣传主要负责人、经办人给予罚款、禁业等处罚。

第三，避免过度包装，给过度负债穿上"自由消费"的外衣，诱致金融消费者落入"借贷陷阱"；避免偷换概念，将借贷产品作为必需品进行营销宣传，使用"贴标签、喊口号"的方式引诱年轻、低收入群体借贷，减少对金融消费者的诱导和干预。

五、以共享部分信息为突破口，逐步破解"数据垄断"和"数据孤岛"难题

一方面，互联网消费金融平台之间缺乏共享数据的动机，特别是一些行业头部平台掌握着庞大的金融消费者信息和数据，很容易形成"数据垄断"。另一方面，不同的互联网消费金融平台对信息与数据的理解、定义、搜集、整理和存储均不尽相同，使数据难以实现共享，造成了"数据孤岛"难题。当前破解互联网消费金融造成过度负债的关键点之一就在于如何打破"借新还旧、以贷养贷"的困境。可以考虑由金融监管机构牵头制定金融数据标准，规范金融数据的采集、整理、存储和使用，以共享金融消费者借贷余额为突破口，逐步破解"数据垄断"和"数据孤岛"难题。尤其是对于频繁借贷的年轻、低收入群体而言，通过共享其借贷余额等信息，

当其负债达到风险阈值时，及时对各互联网消费金融平台进行风险提示。①

六、引入沙盒监管机制，对信息技术在互联网消费金融领域的应用进行测试

对于解决大数据、人工智能等信息技术在互联网消费金融领域应用的安全性和适用性来说，沙盒监管机制可能发挥重要作用。沙盒监管由英国金融行为监管局首先提出。为了应对金融科技带来的风险，英国在真实市场中设置了一个"安全空间"，在这个"安全空间"中可以对创新型的金融产品和服务进行测试以评估其风险，从而在鼓励金融科技发展和防控金融风险之间实现平衡。通过开展沙盒测试，可以全面深入观测信息技术在互联网消费金融产品设计、风险控制、营销、贷后管理、运营管理等流程中的应用情况，及时发现并纠正技术缺陷；可以有效缩短从创新到应用的时间成本，判断大数据、人工智能等信息技术是否能与互联网消费金融产品发生良性的"化学反应"；可以测试信息技术的应用是否会导致金融消费者权益受侵害，及时堵住可能造成风险问题、阻碍金融既普又惠的技术漏洞；此外，还可以将信息技术在互联网消费金融领域应用可能引发的风险和安全问题控制在可接受的范围内，也便于监管部门对"科技+消费金融"的运行情况进行监测和分析。

七、加强对互联网消费金融平台经营活动的监测，及时纠正其违法违规经营行为

虽然信息技术的创新和应用可能会给互联网消费金融行业带来新的风险问题，但应该清晰地认识到"科技本善"，金融消费者权益受到侵害归根结底是由使用信息技术提供金融服务的各互联网消费金融平台带来的。鉴

---

① 赵大伟.监管科技的能与不能［J］.清华金融评论，2019（5）.

于此，有必要利用监管科技手段对互联网消费金融平台的经营行为进行实时监测，通过搭建互联网消费金融行业云平台进行实时监测和管理，借助大数据平台采集互联网消费金融平台运营信息，运用模型技术发现运营异常平台，对其运营风险信息进行全方位分析和处理，及时发现并纠正违法违规性行为，为保护金融消费者权益、保障互联网消费金融行业健康有序运行提供助力。①

① 孙国峰. 监管科技蓝皮书：中国监管科技发展报告（2020）［M］. 北京：社会科学文献出版社，2020.

下 篇

金融安全之"盾"
——监管科技

第六章　监管科技的缘起

　　科技与金融行业的全方位深度融合正在对金融消费方式产生着深刻的影响。一方面，基于互联网的 7×24 小时全天候服务渠道、较低的产品门槛使金融服务可获得性得以空前提升，金融消费者享受金融服务的成本显著下降；基于大数据的金融消费者风险测评和金融产品分类分级，为实现金融产品和服务个性化、定制化提供了可能，增强了金融服务供需的匹配程度；金融机构利用科技改善运营管理、重塑服务模式、创新产品设计使得金融服务效率大幅提升；科技企业开始凭借技术优势、流量优势和场景优势"跨界"提供金融服务，赋予金融消费者更多的投资选择；借助互联网和手机 App，金融消费者可以快速便捷地获取金融产品信息和其他金融消费者的体验评价，进一步降低了金融交易的信息不对称性。简而言之，科技的发展使更多的金融消费者能够享受到金融发展带来的红利。另一方面，科技在金融行业的快速发展与普遍应用也带来了一系列风险问题。技术风险依然存在，大数据、人工智能等信息科技尚不完善，且未经过一个完整经济周期的检验，是否会带来新的风险尚未可知；金融消费者个人信息过度采集、信息泄露风险放大、过度负债等问题不容忽视，金融消费者权益保护面临更严峻挑战；科技企业"跨界"提供金融服务在加速金融服务主体多元化的同时，也使金融服务边界越发模糊，使金融风险更加隐蔽复杂，传播范围更广，传播速度更快，导致金融系统整体脆弱性增加，系统性金融风险爆发概率上升，金融监管形势日趋严峻。^① 鉴于此，研究探索发展监管科技，"以科技改善监管、以科技防范风险"理应成为当前金融监管机构应对"科技+金融"所带来监管挑战的重要路径。

第一节 监管科技的萌芽与起源

监管科技的概念最早起源于英国。2014 年 10 月，英格兰银行（Bank of England，BE）首席经济学家安迪·哈尔登（Andy Haldane）在伯明翰大学的一段演讲被视为监管科技的萌芽，他提出了利用科学技术对全球资金流动进行实时监测的设想——"我有一个兼具未来主义和现实主义色彩的梦想。我想坐在一张星际旅行座椅上，像监控全球天气变化和全球互联网流量一样，通过一排监视器来实时跟踪全球资金流动，并构建一张全球资金流动地图，明确资金溢出情况及其相关性"。^②

2015 年 3 月，英国政府首席科学顾问马克·沃尔波特（Mark Walport）在提交给英国政府科学办公室（Government Office for Science，GOS）的研究报告——《金融科技发展前景：英国是金融技术的世界领导者》（见表 6-1）中第一次使用"RegTech"来表述监管科技。该报告提出"监管科技是金融监管的未来。为了使英国成为支持消费者和企业权益的全球金融科技中心，建立有效和创新的金融监管制度至关重要。需要在监管、创新和稳定之间达成平衡，可以让金融监管机构、金融机构、金融科技公司和大学开展合作，以促进创新和监管。可以考虑利用金融科技提供新工具，提高金融监管机构运作效率，并创造出一整套重要的监管科技工具和业务；可以考虑将金融科技应用于监管和合规领域，使金融监管和报告更加透明、

---

① 孙国峰，赵大伟. 监管科技的挑战与破局 [J]. 中国金融，2018（21）.

② Andy Haldane, Chief Economist, Bank of England, Speech at the Maxwell Fry Annual Global Finance Lecture：Managing Global Finance as a System, Birmingham University 10（Oct. 29, 2014）.

高效和有效，从而创造一套新的监管技术机制，即监管科技"。①

表6-1　《金融科技发展前景：英国是金融技术的世界领导者》
中关于监管科技论述的主要内容

研究方向	关于监管科技论述的主要内容
监管科技发展背景	金融监管规则越发繁杂，金融监管机构要求金融机构提供越来越多的数据以确保业务合规。然而，金融监管的复杂性也是要付出代价的。当金融机构努力去回应严格而复杂的金融监管要求时，其金融创新的积极性可能会受到影响。因此，英国金融监管正面临着在鼓励金融创新和加强金融监管之间实现平衡的重要抉择
应用于金融监管的金融科技和大数据技术	学术团体利用大数据技术来支持英格兰银行开展研究、分析审慎监管局和行为监管局的数据、实现英国金融监管和合规的自动化等
数据驱动的监管与合规	重新设计和简化报送流程、实现数据自动化报送能够帮助金融机构满足金融监管和数据报送要求。通过建立多地区之间的金融监管协调机制、制定新的自动化报告和分析标准，能够改善金融服务效率、降低系统性金融风险、提高经济效益。为实现这一目标，可以借助以下工具和方式：监管政策模型、报告标准化、系统性风险工具、跨区域协调机制、一致性的合规工具、国际合作与特定数据共享、金融监管机构与金融科技企业合作等
金融监管基础设施	完全集成化的基础分析系统能够有效改善监管。通过舆情监测和机器学习等成熟的分析技术，能够处理越来越多的金融、经济、零售、地域、文本和社会数据，为实现数据自动采集和分析提供了可能。这些重要的金融监管基础设施主要包括数据库和流程化处理系统、数据挖掘分析工具、可视化工具、计算平台等
培训与教育	目前，英国正面临监管、合规、软件开发、数据分析等领域人才的短缺。随着金融业务和金融监管流程自动化程度的日益加深以及监管与合规重要性的不断提升，英国政府和商业培训机构应在监管、合规及相关分析领域开设持续的专业化提升课程，并通过高校为金融监管机构和金融机构培养专业的监管、合规人才
高校的参与	开展关于监管数据、风险和合规的学术研究能够为促进英国科学发展、改善金融监管提供重大机遇。可以考虑通过建立金融科技和监管科技培训学院，满足金融市场各参与方对监管、合规领域人才的需求

---

① Walport, M., Fintech Futures: The UK as a World Leader in Financial Technologies [R]. Report to UK Government Office for Science, 2015.

续表

研究方向	关于监管科技论述的主要内容
金融数据研究	为了支持监管、合规领域的学术研究，要加强对商业数据、公共领域数据和专有行业数据的采集和研究分析
促成金融监管机构、金融机构以及研究机构之间达成合作	英国面临的挑战是如何让金融监管机构、金融机构、金融科技公司、培训机构和大学协同工作，形成一个高度自动化的、有效的"数据驱动"监管系统（开源的合规系统、金融监测系统）

资料来源：Walport, M., FinTech Futures: The UK as a World Leader in Financial Technologies [R]. Report to UK Government Office for Science, 2015.

2015 年 3 月，英国财政部（HM Treasury）在《2015 年英国政府年度预算报告》中对监管科技进行了定义。该报告提出"金融行为监管局（Financial Conduct Authority, FCA）和审慎监管局（Prudential Regulation Authority, PRA）将合作运用新技术促进监管要求的实现——也就是监管科技"。①

2015 年 11 月，英国金融行为监管局在《征集意见：支持监管科技的研发与应用》中沿用了《2015 年英国政府年度预算报告》对监管科技的定义，并提出金融监管机构可以在推动监管科技应用领域有所作为（见图 6-1）。

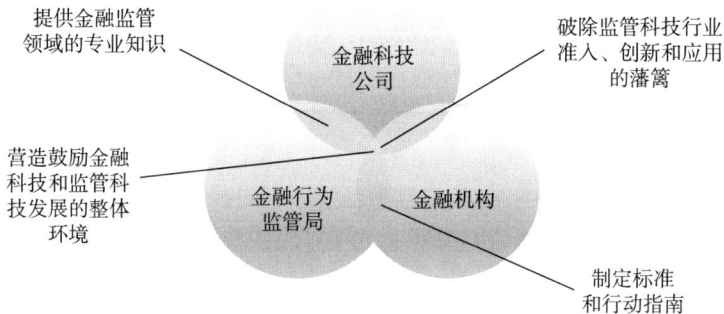

图 6-1 英国金融监管机构在推动监管科技应用过程中发挥的作用

（资料来源：Financial Conduct Authority. Call for Input: Supporting the development and adoption of RegTech [R]. 2015）

① HM Treasury. HM Treasury's 2015 Budget Report [R]. 2015.

第一，提供金融监管领域的专业知识，明确地告诉金融科技公司和监管科技公司如何开展业务才能符合英国金融监管要求。

第二，营造鼓励金融科技和监管科技发展的整体环境，通过在创新加速器项目中的深入合作，研究机构、金融科技公司、金融机构和金融行为监管局将联合推进监管科技的发展与应用。

第三，制定标准和行动指南，进一步明确金融行为监管局对金融机构应用监管科技的期望，以推动标准制定和监管科技的落地实践。

第四，金融监管机构应尽可能地去发现、了解并破除监管科技行业准入、创新和应用的所有障碍。

基于此，英国金融行为监管局对以下五个方面的问题表示关切。

第一，哪种监管科技能够使金融机构以更便捷、低成本、低行政负担的方式实现与金融监管机构之间的互动沟通？

第二，在促进金融机构研发与应用监管科技时，金融行为监管局应扮演何种角色？应以何种方式发挥作用？

第三，是否存在阻碍金融机构监管科技创新和应用的监管规则或政策？

第四，应该制定什么样的监管规则或政策，以增强金融机构开展监管科技的创新和应用的动机？

第五，监管科技的创新和应用最能满足哪些监管要求？①

2016 年 7 月，英国金融行为监管局发布了《对支持监管科技研发与应用征集意见的反馈》（以下简称《意见反馈》），提出技术在金融产品和服务创新中扮演着基础性和越发关键性的角色。出于保护金融消费者权益的目的，金融行为监管局将致力于推动包括监管科技在内的创新和技术发展，以促进金融业的有效竞争。

《意见反馈》认为，金融监管机构的全程参与能够有效促进金融科技公

---

① Financial Conduct Authority. Call for Input: Supporting the development and adoption of RegTech, [R]. 2015.

司开展创新和竞争，金融监管机构鼓励、支持技术创新的监管态度有利于营造更为高效的监管环境，明确金融监管机构定位有利于推进监管科技的应用。鉴于此，《意见反馈》中明确了金融行为监管局在推动监管科技研发与应用过程中的作用。

第一，金融行为监管局应明确提出监管要求，推动制定行业标准和行动指南，以便金融机构整合数据和业务流程。反之，也可以帮助金融行为监管局和金融机构降低监管（业务）成本、提升监管（业务）水平和改善监管（业务）效率和有效性。

第二，金融行为监管局应通过加强合作和参与来鼓励监管科技创新，以应对当前和未来可能面临的监管挑战并进一步改善金融监管机构和金融机构之间的关系。

第三，金融行为监管局应对符合相关标准的监管科技予以认证，从而提升监管的可信度、增强创新监管工具的接受程度和投资力度；也可以提升金融机构的合规水平，同时增加指南和标准的可理解程度并降低金融机构合规成本。

此外，英国金融行为监管局还在《意见反馈》中对以下四类监管科技进行了介绍。

1. 效率与合作（Efficiency and Collaboration）——通过技术手段实现更为有效的信息共享

（1）可替代性的报告工具（Alternative Reporting Methods）——提供多样化的数据报送（或采集）方法，为金融机构数据报送工作赋予更多的灵活性，从而降低合规成本与合规报告负担。

（2）共享基础设施（Shared Utilities）——使金融机构通过"云"或者在线平台实现共享，通过增加可扩展性和灵活性的方式，降低金融机构合规成本和负担。

（3）云服务和云计算（The Cloud/Cloud Computing）——通过互联网按

需求量提供计算服务。云平台的灵活性可以极大地提升金融机构服务效率并降低业务成本。通过云平台使用创新型软件和先进计算技术，可以使金融机构提高业务竞争力、提升咨询能力、改善决策水平。

（4）在线平台（Online Platforms）——加强金融服务各参与方的沟通。

金融行为监管局参与帮助金融科技公司更好地理解监管与合规规则，能够激发其研发监管科技的积极性，同时也可以激励金融科技公司参与早期的监管政策设计。

2. 整合、标准化和理解监管规则（Integrate，Standardise and Understand）——通过技术手段缩小监管意图与政策理解之间的偏差

（1）语义科技与数据点模型（Semantic Tech and Data Point Models）——将监管规则转化为程序语言，机器可读的监管规则有利于实现金融机构业务自动化并显著降低监管目标改变带来的转变成本，从而保证监管目标与执行的一致性。

（2）共享数据本源（Shared Data Ontology）——对各金融机构的类型、属性和相互关系进行正式命名和定义，就监管数据结构达成共识，从而提高监管与合规效率、降低监管与合规成本、改善金融监管机构与金融机构之间的沟通、消除监管规则歧义。

（3）应用程序接口（Application Programme Interface，API）——通过互联网实现系统间对接的一致性，整合系统并实现相互可操作，从而为监管科技创新提供平台。

（4）操作手册（Robo-Handbook）——实现金融机构与监管规则之间的交互，从而进一步明确监管规则对金融机构及其业务流程产生的影响。金融行为监管局在与金融机构充分沟通的基础上，制定贴近金融机构诉求的操作手册，可以使合规要求更加明晰。

3. 预测、学习和简化（Predict，Learn and Simplify）——通过技术手段简化数据，进而改善决策水平，助力构建自动化系统

（1）大数据分析（Big Data Analytics）——先进的分析技术能够解释"数据池"中海量的机构化与非机构化数据。开展跨数据集的大数据分析能够对金融运行形成新认知并有利于作出更合理的决策。金融行为监管局越使用大数据分析技术就越能降低金融机构合规报告负担。

（2）风险与合规监测（Risk and Compliance Monitoring）——对交易、行为和通信进行不间断、非入侵的监测。通过关联信息源，使用高效率计算引擎对风险（或欺诈行为）进行实时识别，从而降低风险和误判率。

（3）建模技术/可视化技术（Modelling/Visualisation Technology）——建模技术可以在政策实施前，帮助金融监管机构和金融机构了解政策可能带来的影响和可能导致的非预期结果。仿真技术可以提高金融机构对其合规业务的了解程度。

（4）机器学习和认知技术（Machine Learning and Cognitive Technology）——使系统能够根据用户的输入自动重新评估和优化流程，帮助金融机构完成大量复杂的重复性合规工作。

4. 新的发展方向（New Directions）——从其他角度审视监管与合规流程

（1）区块链/分布式账本（Blockchain/Distributed Ledger）——对数据进行加密和安全存储，通过网络在分布式数据库中实现安全共享，同时提高系统的完整性并增加透明度。

（2）合规内置（Inbuilt Compliance）——将监管要求编码为自动执行规则，使系统能够自动执行"监管程序代码"，改善金融机构合规水平。

（3）生物识别技术（Biometrics）——对消费者的生物特征、行为特征进行评估与分析，提高身份识别效率。

（4）系统监测与可视化（System Monitoring and Visualisation）——抓取和追踪系统及其关联方产生的各类信息（如鼠标点击、键盘输入、程序信息等），将金融机构技术运行可视化，使金融机构能够全面掌握技术运行状况并查找低效率环节。①

2014 年至 2016 年，英国对监管科技进行了大量的研究与应用，为鼓励英国金融产品和服务创新、保护金融消费者、促进金融业有效竞争提供了坚实的技术支撑。至此，监管科技的概念开始进入世界各国金融监管机构和国际金融组织的视野。继英国之后，西班牙、美国、澳大利亚、加拿大、新加坡等国家的金融监管机构和国际清算银行、国际货币基金组织、世界银行、国际金融学会等国际金融组织纷纷对监管科技进行了研究。监管科技逐渐成为世界各国进一步改善金融监管水平、提升金融监管效率、降低金融监管成本的重要技术路径。

第二节　监管科技发展的动因分析

一、金融监管机构面临前所未有的监管压力，亟须提升监管能力，降低监管成本

2008 年国际金融危机后，世界各国金融监管当局开始逐渐收紧监管，使用较以往更为繁重的监管规则和复杂的监管流程，以期实现防范金融风险、保障金融安全的监管目标，"严监管"已逐渐成为金融监管的主旋律。然而，"严监管"的施行离不开资金、技术、人力资源的支持和保障，尤其随着"科技+金融"浪潮席卷全球，金融创新步伐日益加速，金融新业态、新模式、新产品、新技术层出不穷，令受资金、技术和人力资源约束的金融监管机构感受到了前所未有的监管压力。

首先，随着金融业的快速发展，金融机构数量与规模、金融产品数量与种类的增长速度远远超出金融监管机构发展速度。在资金、技术和人力

---

① Financial Conduct Authority. Feedback Statement: Call for Input on Supporting the development and adoption of RegTech〔R〕. 2016.

资源的约束下，金融监管难以跟上金融创新步伐，不仅导致金融监管有效性、时效性难以得到保障，给金融监管机构带来沉重的监管负担，也容易形成监管空白地带。例如，北京市"7+4+N"类机构约8000家，其中仅投资公司就有7200家，目前北京市地方金融监管局监管人员与被监管机构数量之比约为1∶1000。面对数量庞大的监管对象和复杂的体系，依靠过去人力监管、报送财务报表、开展现场检查等传统的监管方式难以实现监管的及时性、穿透性和一致性。必须充分借助大数据、人工智能等科技手段，大力发展监管科技来提升监督能力。①

其次，金融产品和服务的复杂程度越来越高，不仅需要金融监管者具备专业知识来监管现有的金融产品和服务，也应该对未来金融创新可能带来的风险有一定的预测和判断能力。特别是在"科技+金融"的大趋势下，金融监管机构更需要既熟悉金融又掌握科技的复合型人才，这无疑给金融监管机构人才队伍建设带来了全新的挑战。

最后，随着监管压力的上升，金融监管机构倾向于制定更加繁杂的监管规则、监管流程，既在无形之中增加了监管负担和监管成本，也对金融监管机构的人力资源和技术水平提出了更新、更高的要求。

科技与监管的融合为金融监管机构缓解监管压力、降低监管成本、提升监管水平提供了有效的技术解决方案，金融监管机构利用监管科技可以实时监控金融市场异常波动，识别与监控市场操纵行为，收集金融机构经营数据，建立风险预警和研判系统，及时阻断或干预金融机构的违法违规经营行为，从而达到防控系统性金融风险、保障金融机构稳健运行、保护金融消费者权益的监管目标。②

---

① 霍学文. 大力发展监管科技　助力地方金融监管 [J]. 清华金融评论，2019（5）.
② 赵大伟. 监管科技的能与不能 [J]. 清华金融评论，2019（5）.

二、金融机构亟须提升合规水平、降低合规成本、满足监管要求

2008 年国际金融危机之后，世界各国金融监管逐步收紧，直接导致金融机构遵守监管法令的成本增加。各国金融机构为了适应新的监管要求，符合反洗钱等监管政策、遵守相关监管制度，避免由不满足监管合规要求而带来的巨额罚款，纷纷加大了对合规业务的人力资源和资金投入。监管科技（合规科技）的开发与应用可以提高金融机构的合规效率。随着人工智能与机器学习在应用层面取得长足进步，已经可以在提升决策水平、降低成本以及解决合规问题等领域，向金融机构提供优化解决方案。人工智能可以在很大程度上替代人工，帮助银行开展对反洗钱或员工不当行为的检测。监管科技（合规科技）已在数据聚合、风险建模、情景分析、身份验证和实时监控等多个领域实现了应用。专业的监管科技公司通过对海量的公开和私有数据进行自动化分析，帮助金融机构核查其是否符合反洗钱等监管政策，利用云计算、大数据等新兴数字技术帮助金融机构遵守相关监管制度，避免由不满足监管合规要求而带来的巨额罚款。①

三、金融科技发展是监管科技备受关注的直接动因

科技在金融业的应用与发展所引发的新风险以及传统金融风险的异化是监管科技受到金融监管机构广泛关注的直接原因。一方面，以科技为驱动力的新一轮金融创新空前加速，突破了金融监管机构现有监管能力范围，"科技+金融"在一定程度上造成了风险的聚集，导致风险事件频发，增加了金融行业的脆弱性；另一方面，传统金融机构、科技公司纷纷布局金融

---

① 孙国峰. 发展监管科技构筑金融新生态 [J]. 清华金融评论，2018（3）.

科技，科技对金融行业的渗透达到了前所未有的程度，而当金融监管机构无法完全理解新技术或知之甚少时，往往会因为防范金融风险的需求、缺失有效监管手段等原因对科技在金融业的创新持否定态度，出现监管不足和监管过度并存的局面。[①] 在这一背景下，利用"科技+监管"应对"科技+金融"引发的风险问题就显得尤为必要。

第一，凭借技术、流量、数据优势，科技公司开始"跨界"提供金融服务，模糊了传统金融服务边界，多主体、多业务相互交织关联使金融风险更加复杂、更具有隐蔽性。第二，在线时代下，7×24小时全天候金融服务在无形中加快了金融风险传播速度，扩大了金融风险影响范围，增加了金融监管难度。第三，技术风险和数据风险相互交织，人工智能、大数据等技术在金融领域的应用是否会引发新的风险问题尚不可知，开放互联网环境下数据面临的巨大泄露风险等问题不容忽视。第四，金融消费者过度负债、金融与科技知识"双匮乏"的困境、个人身份信息和行为数据被过度采集与滥用等问题的存在，使得金融消费者权益保护工作面临更严峻挑战。第五，部分伪劣金融科技公司披着"科技"和"普惠"的外衣，实则从事违法违规经营的行为具有很高的隐蔽性，在缺乏数据搜集、风险监测和预警等技术手段时，除非出现"跑路"、提现困难、网站关闭等极端情况，否则这种非法行为很难被金融监管机构发现。第六，在互联网环境下，金融风险事件很容易向社会群体性事件转变，增加金融监管机构风险处置难度。

监管科技的发展与应用使得金融监管机构能够对科技的运行机理、架构、优劣以及与金融业务的结合点有更为全面、深入的了解，更容易定位科技给金融创新带来的风险点，进而能够更有针对性地利用科技武装监管，补足监管短板，丰富监管手段。

---

① 赵大伟，李雪. 金融科技背景下的金融监管研究——基于监管科技的视角 [J]. 浙江金融，2020（4）.

四、现代信息科技的发展与应用为监管科技崛起提供了可能

当前，我国正处于金融风险防控的关键时期，防范化解金融风险已经成为我国金融工作的根本任务。在第五次全国金融工作会议上，习近平总书记指出："防止发生系统性金融风险是金融工作的永恒主题。要把主动防范化解系统性金融风险放在更加重要的位置，科学防范，早识别、早预警、早发现、早处置，着力防范化解重点领域风险，着力完善金融安全防线和风险应急处置机制。"这不仅为我国金融监管未来发展指明了方向、点明了重点，也对金融监管技术和手段提出了更高、更新的要求。

互联网、大数据、云计算、人工智能、区块链等现代信息科技取得了突破性发展，增强了金融监管机构防控、研判、评估以及处置金融风险的能力。第一，互联网不仅是金融监管机构获取数据和信息的重要渠道，还是实现数据与信息共享、信息披露的底层"平台"，更是实现大数据、人工智能、区块链应用的基石。第二，金融监管机构可以利用大数据技术实现数据自动化采集、抽取、清洗、转换处理、运用和共享，为决策提供数据化手段。金融监管机构可以借助云平台，将多条线、多系统的金融监管业务进行整合，从更全面、更系统的角度对经济金融运行情况作出判断和预测。第三，金融监管机构还可以通过人工智能、风险模型等技术，对金融机构进行精准画像，全面准确地反映金融机构风险概况，及时作出风险预警，通过事前风险管理的方式进一步提升监管能效，也为金融监管和现场检查提供依据。第四，金融监管机构也可以借助区块链技术，让部分金融业务"上链"运行，在智能合约（自动执行）、交易追踪、信息保护等方面实现突破式发展。

第三节　监管科技的概念与内涵

从概念萌芽到落地应用，世界各国金融监管机构、国际金融组织从不同角度对监管科技进行了界定。目前，业界和学术界尚未就监管科技的概念形成统一共识。

一、世界各国金融监管机构、国际金融组织对监管科技的界定

从国际层面来看，英国金融行为监管局从促进金融机构合规角度来界定监管科技，认为"监管科技是金融科技的一个分支，专注于能够更高效、更有效满足监管要求的一系列技术。"①

美国金融业监管局（Financial Industry Regulatory Authority，FINRA）在《证券业中基于技术的监管合规创新》中提出"监管科技（RegTech）一词尚未形成统一定义，它通常是指用于促进金融机构履行其监管合规义务的创新型技术。"② 美国证券交易委员会时任代理主席迈克尔·皮沃（Michael S. Piwowar）在2018年监管科技数据峰会上的发言提出："监管科技就是金融监管机构利用技术以更全面、更高效的方式履行监管职责。"③

澳大利亚证券和投资委员会（Australian Securities and Investments Commission，ASIC）认为："监管科技在帮助企业建立合规文化、发现学习机会以及节省合规成本（时间和资金）方面具有巨大潜力。"

① Financial Conduct Authority. Feedback Statement：Call for Input on Supporting the development and adoption of RegTech［R］. 2016.

② The Financial Industry Regulatory Authority. Technology Based Innovation for Regulatory Compliance（"Regtech"）in the Security Industry［R］. 2018.

③ Michael S. Piwowar. Remarks at the 2018 RegTech Data Summit-Old Fields, New Corn：Innovation in Technology and Law［R］. 2018.

新加坡金融监管局（Monetary Authority of Singapore，MAS）提出："监管科技是利用技术手段来加强金融机构的风险管理和合规性。"

国际金融学会（Institute of International Finance，IIF）界定监管科技为能够高效和有效地解决监管和合规要求的新技术。[①]

国际清算银行（Bank for International Settlements，BIS）在《金融监管中的技术创新——早期实践者的经验》中使用"Supervisory Technology"（SupTech）来表示监管科技，并将其定义为"监管技术是监管机构利用技术创新支持监管。它帮助监管机构将监管报告和监管流程数字化，从而对金融机构的风险和合规性进行更有效、更主动的监控。"[②]

世界银行（World Bank，WB）在《低收入国家监管科技路线图》中提出："监管科技（SupTech）是从监管机构的角度利用技术来改善和加强金融监管流程；合规科技（RegTech）是金融业通过技术手段来管理合规流程。"[③]

综上所述，世界各国金融监管机构、国际金融组织并未对监管科技的概念形成统一认知。英国、美国、澳大利亚、新加坡等国金融监管机构更多地是从合规的角度来理解监管科技，强调科技在帮助金融机构有效满足监管要求中所发挥的重要作用。与之相对，国际金融组织则更多地从金融监管的角度来界定监管科技，认为科技是监管创新的有效路径。

二、国内金融监管机构对监管科技的界定

从国内金融监管机构层面来看，2017 年 5 月，中国人民银行金融科技

① Institute of International Finance. RegTech in Financial Services：Solutions for Compliance and Reporting［R］. 2016.

② Bank for International Settlements，Innovative Technology in Financial Supervision（Suptech）——The Experience of Early Users，2018.

③ World Bank Group. A Roadmap of SupTech Solutions to Low Income（IDA）Countries［R］. 2020.

（FinTech）委员会提出："强化监管科技（RegTech）应用实践，积极利用大数据、人工智能、云计算等技术丰富金融监管手段，提升跨行业、跨市场交叉性金融风险的甄别、防范和化解能力。"

时任中国人民银行金融研究所所长孙国峰（2017）将监管科技定义为"科技与监管的有机结合，主要作用是利用技术帮助金融机构满足监管合规要求"①。其在后续研究中（2018）提出监管科技是基于大数据、云计算、人工智能、区块链等技术为代表的新兴科技，主要用于维护金融体系的安全稳定、实现金融机构的稳健经营以及保护金融消费者权利。从应用主体来分析，监管科技包含"合规"和"监管"两个方面：一方面，金融机构将监管科技作为降低合规成本、适应监管的重要手段和工具，从这个维度来分析，监管科技可以理解为"合规科技"；另一方面，监管科技能够帮助金融监管机构丰富监管手段、提升监管效率、降低监管压力，是维护金融体系的安全稳定、防范系统性金融风险以及保护金融消费者权益的重要途径，从这个维度来分析，监管科技又可理解为"监管科技"。②

中国人民银行科技司司长李伟（2017）认为，监管科技作为金融科技的重要分支，其本质是采用新技术在监管机构与金融机构之间建立可信赖、可持续、可执行的监管协议与合规性评估机制，旨在提高监管机构的监管效能，降低金融机构的合规成本。从监管角度来看，金融监管机构通过运用大数据、云计算、人工智能等技术，能够更好地感知金融风险态势，提升监管数据收集、整合、共享的实时性，有效发现违规操作、高风险交易等潜在问题，提升风险识别的准确性和风险防范的有效性。从合规角度来看，金融机构采取应用对接、系统嵌入等方式，将规章制度、监管政策和合规要求"翻译"成数字协议，以自动化方式减少人工干预，以标准化方式减少理解歧义，更加高效、便捷、准确地操作和执行，有效降低了合规

---

① 孙国峰 . 从 FinTech 到 RegTech［J］. 清华金融评论，2017（5）.
② 孙国峰 . 发展监管科技构筑金融新生态［J］. 清华金融评论，2018（3）.

成本、提升合规效率。①

　　2018 年 8 月，中国证券监督管理委员会正式印发《中国证监会监管科技总体建设方案》，标志着其已经完成了监管科技建设工作的顶层设计，并进入了全面实施阶段。该方案指出，监管科技是"在加强电子化、网络化监管的基础上，通过大数据、云计算、人工智能等科技手段，为证监会提供全面、精准的数据和分析服务"②。

　　2020 年 8 月，中国银行保险监督管理委员会副主席周亮在《完善公司治理　促进股份制银行高质量发展》一文中提出："加强监管能力建设……大力发展监管科技，探索运用大数据、云计算、人工智能等新技术改进公司治理监管方式手段，提升监管数字化水平。"③

　　2019 年 11 月，中国互联网金融协会会长李东荣在"2019 北京国际金融安全论坛"上提出："监管科技日益成为金融监管机构、金融机构和科技公司等多方关注的全球性焦点议题……监管科技则主要是从监管角度出发，以金融监管数据为基础要素，综合地运用各类科技手段有效优化监管流程，持续提升监管效能，从而以更高效率、更低成本来实现金融监管的目标。"④

　　2019 年 7 月，北京市地方金融监管局局长霍学文指出："从历史上看，金融业发展与科技创新密不可分。一方面，每一次科技革命得益于新的金融制度、体系、市场、产品的发明创设；另一方面，科技也在不断地驱动金融业的变革。全球金融业务经历了电子信息金融、互联网金融、金融科技、智能金融等各个阶段，未来监管科技将成为金融技术创新和制度变革的高级形态……一般认为，监管科技（RegTech）可以分为两个系统，不仅

① 李伟 . 金融科技发展与监管［J］. 中国金融，2017（8）.
② 中国证券监督管理委员会 . 证监会正式发布实施监管科技总体建设方案［EB/OL］. 2018，http：//www.csrc.gov.cn/pub/newsite/zjhxwfb/xwdd/201808/t20180831_343433.html.
③ 周亮 . 完善公司治理　促进股份制银行高质量发展［J］. 金融监管研究，2020（7）.
④ 李东荣 . 发展监管科技是新形势下维护金融安全的有力支撑［N］. 证券日报，2019-11-18.

包括运用于监管端的监管科技（SupTech），也包括用于机构端的合规科技（CompTech）。"[1]

三、国内学术界对监管科技的界定

从国内学术研究层面来看，由于研究侧重点不同，当前学界对于监管科技的含义尚未有一个明晰的定义。中国人民大学法学院杨东（2015）将监管科技（RegTech）定义为"科技驱动型监管"的手段，而"科技驱动型监管"指的是在去中介、去中心化的金融交易现状下在审慎监管、行为监管等传统金融监管维度外增之以科技维度，形成双维监管体系。[2]

中国社会科学院金融研究所胡滨（2017）提出，监管科技致力于新兴技术在金融体系特别是微观领域的运用，以更好地符合监管标准和合规要求，在一定意义上可以说是利用新技术实现监管要求，甚至有一定的监管规避倾向。[3]

中国社会科学院金融研究所尹振涛等（2019）认为，监管科技包括监管和合规双层含义，其本质是通过科技赋能金融监管改革，助力监管机构优化监管方式，帮助金融机构降低合规成本，平衡监管与创新，最终实现金融业平稳健康发展的目标。从狭义上看，可将监管科技视作金融科技的一个分支，专注于监测、识别、防控金融科技带来的金融风险问题，通过技术构建金融科技生态体系，促进金融科技的稳步健康发展。从广义上看，监管科技应被视作在整个金融系统中，帮助企业处理监管合规和风险控制等相关问题的各种信息技术应用和解决方案。监管科技的潜在价值远大于降低金融机构合规成本，它将有助于建立一套金融运营实时监测，风险识

---

[1] 霍学文. 大力发展监管科技　助力地方金融监管 [J]. 清华金融评论, 2019（5）.

[2] 杨东. 监管科技：金融科技的监管挑战与维度重构 [J]. 中国社会科学, 2018（5）.

[3] 胡滨. 监管科技　渐行渐近 [J]. 当代金融家, 2017（11）.

别、评估及处置的监管体制。[①]

北京大学汇丰金融研究院巴曙松等（2020）认为，监管科技作为金融科技的一个分支，近几年发展势头可观。监管科技包含了两个层面的意思：一是合规端监管科技企业提供的基于人工智能、大数据分析等技术的监管科技服务，用于金融机构等的合规性监管；二是监管端即监管部门使用相关技术手段加强自身的监管。[②]

京东金融研究院何海峰等（2018）认为，"监管科技"是在金融与科技更加紧密结合的背景下，以数据为核心驱动，以云计算、人工智能、区块链等新技术为依托，以更高效的合规和更有效的监管为价值导向的解决方案。在具体表现形态上，监管科技有两大分支，在监管实施端表现为 SupTech（Supervisory Technology），在金融机构合规端表现为 CompTech（Compliance Technology）。换句话说，RegTech＝SupTech+CompTech。[③]

四、监管科技的概念与内涵

基于世界各国金融监管机构和国际金融组织、我国业界和学界对监管科技的界定，从我国目前监管科技发展和应用的角度来分析，本书认为，监管科技是利用大数据、云计算、人工智能、区块链等现代信息科技，用于改善金融监管机构监管水平、满足金融机构合规需求的技术工具、手段和系统。[④]

---

① 尹振涛，范云朋. 监管科技（RegTech）的理论基础、实践应用与发展建议 [J]. 财经法学，2019（3）.

② 巴曙松，胡靓，朱元倩. 澳大利亚监管科技：现状与经验 [J]. 经济社会比较，2020（4）.

③ 何海峰，银丹妮，刘元兴. 监管科技（SupTech）：内涵、运用与发展趋势研究 [J]. 金融监管研究，2018（10）.

④ 除个别注明的情况，本书后续研究中提到的"监管科技"仅指"监管科技"（SupTech）.

1. 从监管科技缘起的角度分析

自 2008 年国际金融危机以后，以美国为首的发达国家逐步转变金融监管思路，通过立法、重塑金融监管框架、改革金融监管体制机制等路径，全面践行金融"严监管"理念，防范系统性金融风险，整个金融监管体系日趋完善。因此，英国、美国、澳大利亚、新加坡等国监管科技的发展首先起源于金融机构的合规需求，金融监管机构所起的作用主要是通过明确监管要求，鼓励金融机构开展技术创新来提升合规能力。从我国金融监管实践的历史来分析，以往金融监管机构对金融机构的包容度较高，金融机构创新和发展的监管环境整体较为宽松。随着我国金融业的快速发展，尤其是以互联网金融、金融科技为代表的金融新业态层出不穷，金融创新步伐明显超过了金融监管能力范畴，给我国金融监管提出了巨大挑战。同时，防控金融风险、保障国家金融安全也成为我国当前和未来一段时期金融工作的重要任务。鉴于此，我国监管科技的发展侧重于金融监管机构如何综合、全面利用大数据、云计算、人工智能、区块链等技术来改善监管，优化监管流程，提升监管效能，达成监管目标。

2. 从应用主体的角度分析

监管科技（RegTech）包括监管科技（SupTech）和合规科技（CompTech）两个方面。当金融监管机构利用科技来改善监管水平、优化监管流程、降低监管成本时，即是监管科技（SupTech）；当金融机构利用科技来提升合规水平、降低合规成本、满足监管要求时，即是合规科技（CompTech）。当金融监管机构和金融机构大规模使用科技来武装监管与合规工作时，则有助于实现防范金融风险、保障金融机构稳健运行、保护金融消费者权益等金融监管目标（见图 6-2）。

防范金融风险、保障金融机构稳健运行、保护金融消费者权益

· 应用目标

| 改善监管水平、优化监管
流程、降低监管成本…… | 提升合规水平、降低合规成
本、满足监管要求…… |

监管科技（SupTech）
· 金融监管数据治理
· 对金融机构精准画像
· 金融风险监测及预警
· 异常市场交易行为监测
· 反洗钱监测
· 金融消费者权益保护
……

合规科技（CompTech）
· 反欺诈
· 合规数据报送
· 客户身份识别
· 监管、法律、法规追踪
· 反洗钱监测
· 基于压力测试的风险管理
……

· 应用形式

| 金融监管机构 | 金融机构 |

· 应用主体

互联网、大数据、云计算、人工智能、区块链……

· 技术支撑

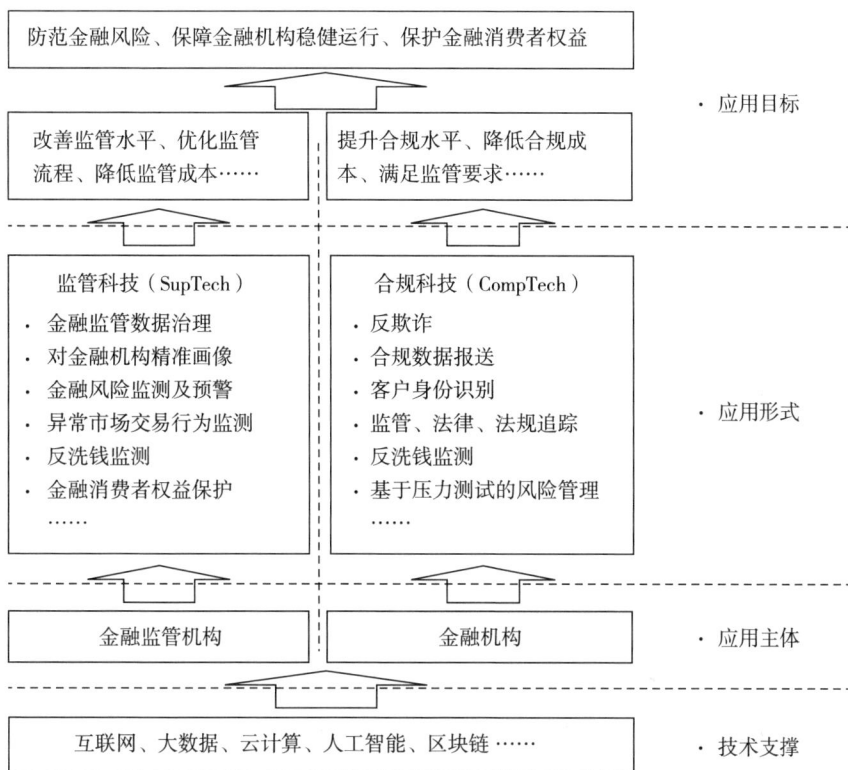

图 6-2　监管科技（SupTech）与合规科技（CompTech）

3. 从发展路径的角度分析

如何选择发展路径成为我国构建监管科技（合规科技）体系必须首先解决的关键议题。监管科技（合规科技）主要涉及金融监管机构、金融机构、监管科技公司、金融科技公司等参与主体。监管科技公司、金融科技公司作为监管科技（合规科技）技术研发主体，基于大数据、云计算、人工智能、分布式账本、生物识别技术以及数字加密等新兴信息技术，提供监管科技（合规科技）技术支持；金融监管机构和金融机构作为监管科技（合规科技）应用主体，利用监管科技（合规科技）达到丰富监管手段和提升金融监管水平、满足监管要求和降低合规成本的目标。如何理顺监管科技（合规科技）多方面主体之间的关系，有效协调监管需求、合规需求与

技术供给，形成有利于监管科技（合规科技）发展的良性循环就显得尤为重要。监管科技（合规科技）的研发包括独立研发、技术外包、技术合作三种路径（见图6-3）。

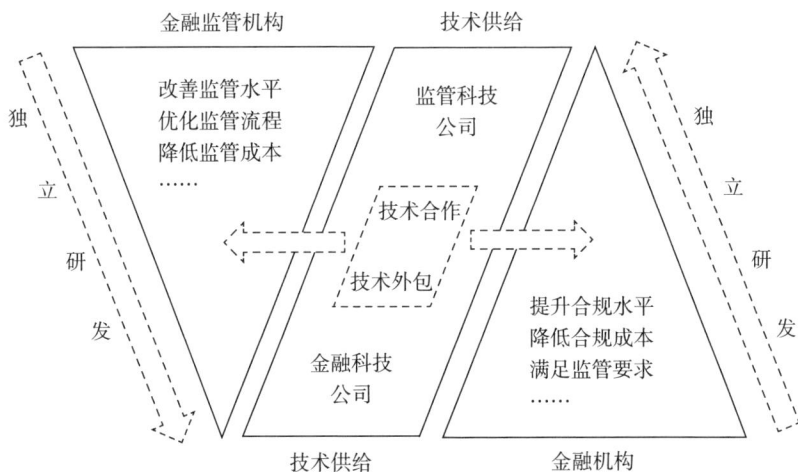

图6-3 监管科技与合规科技的发展路径

第一，金融监管机构受到来自技术、资金、人员三方面的约束，独立开发监管科技存在诸多障碍，这种情况对地方金融监管机构来说尤为突出。技术方面，金融监管机构的业务重点在金融监管层面，缺乏对大数据、云计算、人工智能、区块链等技术核心算法和运行机制的深入研究，如独立开发监管科技可能面临研发周期长导致的技术更新滞后、技术系统与监管需求不匹配、重复投入等问题。资金方面，资金保障不足、利用率低可能直接导致监管科技体系不能有效满足金融监管需求。人员方面，由于金融监管机构在科技人才培养方面存在短板，监管科技研发队伍在数量、质量、人才结构等方面与金融机构尚有差距，且面临较大的人才流失风险，特别是经过长期培养的金融、科技复合型人才向金融机构流动，将在短期内对金融监管有效性产生影响。

第二，金融监管机构将监管科技体系研发外包可能会引发新的风险问题。当金融科技公司（或关联方为金融机构的监管科技公司）向金融监管机构输出监管科技体系时，很容易催生"既当运动员，又当裁判员"的现象，金融科技公司（或关联方为金融机构的监管科技公司）极有可能转变为"隐性监管者"。因此，在监管科技研发方面，采用技术合作的方式可以避免独立研发、技术外包可能带来的各种障碍和风险问题。可以考虑在金融监管机构提出监管要求、技术需求的基础上，由金融科技公司（或监管科技公司）和金融监管机构联合进行监管科技体系研发，金融监管机构技术人员应全程参与监管科技体系的立项、设计、架构、开发等环节，研发结束后应由专业的第三方机构对监管科技体系的核心算法、运行机制、代码设计、业务模块、操作流程等内容进行校核检验。此外，为了避免出现设置技术"后门"、利用监管科技体系漏洞逃避监管等现象，金融监管机构应对参与监管科技体系研发的金融科技公司及其关联方（或监管科技公司及其关联方）在该体系监管下的相关金融行业展业行为予以严格限制。

第三，来自竞争和监管的压力，使金融机构天然具有利用科技改善合规业务的动机。随着合规科技研发和应用的不断深入，在缺乏监管和引导的情况下，难免会引发金融机构利用科技规避监管甚至寻找监管漏洞的问题，从而降低金融监管有效性，导致金融机构之间开展恶性竞争，破坏金融业发展环境，影响金融稳定。鉴于此，发展合规科技应由金融监管机构通过明确监管要求，制定合规科技标准与规范，适度参与合规科技研发，鼓励、引导金融机构合理利用科技手段等方式，充分发挥科技在促进金融业提质增效、普惠发展中的重要作用。

4. 从监管科技的应用方向分析

当前，我国正处于防控金融风险的重要时期，党和政府多次强调防控金融风险、保障国家金融安全、维护金融稳定的重要性。党的十九大、2017年中央经济工作会议和第五次全国金融工作会议对金融稳定发展提出了更高的要求。一方面，金融监管机构面临监管任务繁重、监管体制不合理导致的监管缺失、监管技术发展滞后的压力；另一方面，金融机构为了适应"强监管"要求，也需要为合规付出更多成本。

在这一大背景下，为了打赢防控金融风险攻坚战，切实发挥好监管科技防范金融风险、助力构建金融新生态的重要作用，有必要针对几个风险较为突出的领域，如流动性风险识别和防范、影子银行监管、智能投顾监管、非法集资监控以及"了解你的客户"（KYC）等，优先开发监管科技体系，做到风险的全面监控和防范。

第七章　关于监管科技基本理论问题的探讨与辨析

如前所述，业界和学界目前尚未形成完整的监管科技理论体系，很多关于监管科技的基础性理论问题还没有得到明确，特别是监管科技的内涵与范畴还较为模糊，部分研究还存在概念混用的情况，可能对监管科技的深入研究与应用带来困扰。鉴于此，明确界定监管科技基本理论问题具有较强的理论价值和现实意义。

第一节　监管科技几个基本理论问题

一、大数据、云计算、人工智能、区块链是监管科技吗

从目前已有关于监管科技概念的研究来分析，部分学者将大数据、云计算、人工智能、区块链等技术直接界定为监管科技，也有学者认为大数据、云计算、人工智能、区块链等技术是狭义上的监管科技。

从监管科技的发展和应用来分析，大数据、云计算、人工智能、区块链是现代信息科技，是用于改善金融监管的技术手段。从技术本身的属性来分析，技术是用于改善行业服务效率、创新产品、优化机构运营流程的工具。一方面，当这些现代信息科技未服务于金融监管时，则不应被贴上金融监管的"标签"。另一方面，大数据、云计算、人工智能、区块链等现

代信息科技不仅可以应用于金融行业，也可以与其他行业融合发展。当这些技术与金融业相结合的时候，就催生了"金融科技"；当其在文化产业实现应用的时候，可以衍生出"文化科技"；当其与教育产业深度融合时，可以发展出"教育科技"。

如前所述，本书将监管科技定义为"利用大数据、云计算、人工智能、区块链等现代信息科技，用于改善金融监管机构监管水平的技术工具、手段和系统"，需要特别强调的是，这里提到的技术工具、手段和系统是"科技+金融监管"形成的创新型监管工具（见表7-1）。

表7-1　关于监管科技与现代信息科技范畴的辨析

监管科技	主要采用的现代信息科技
中国人民银行贵阳中心支行——以大数据为支撑的央行决策平台	大数据技术
中国人民银行成都分行——货币信贷大数据监测分析系统	大数据技术
中国人民银行武汉分行——金融业机构信息共享系统	手机 APP、PC 软件、大数据技术
中国银行保险监督管理委员会——国家非法金融活动风险防控平台	互联网、大数据、人工智能等技术
中国证券监督管理委员会——监管科技体系	互联网、大数据、云计算、人工智能
中国支付清算协会——行业风险信息共享系统、特约商户信息管理系统、金融科技产品认证管理平台	互联网、大数据等技术
中国互联网金融协会——互联网金融举报、互联网金融信息共享、互联网金融登记披露服务、互联网金融反洗钱和反恐怖融资网络监测等平台	互联网、大数据等技术

从表7-1可以看出，为了服务金融监管，金融监管机构基于互联网、大数据、云计算、人工智能、区块链等技术手段开发出的各种平台与系统才是监管科技。因此，简单地把现代信息科技与监管科技混为一谈是不严谨的。

二、监管科技是金融科技的子集吗

从监管科技在英国的起源和发展来分析，作为金融监管机构，英国金融行为监管局主要起指导、推动和鼓励的作用，主要是向金融机构告知金融监管要求，营造鼓励金融科技和监管科技发展的整体环境，制定监管科技标准和行动指南，破除监管科技行业准入、创新和应用的障碍。金融机构才是监管科技的研发和应用主体，监管科技和金融科技一样，均是金融机构将科技导入金融业务流程的行为。从这个层面来分析，监管科技是金融科技的子集，都是金融机构利用科技的行为。

但正如我们前面对监管科技的分析可以看出，当金融监管机构利用科技来改善监管水平、优化监管流程、降低监管成本时，即是监管科技（SupTech）；当金融机构利用科技来提升合规水平、降低合规成本、满足监管要求时，即是合规科技（CompTech）。从这个角度来理解，将监管科技视为金融科技的子集是不正确的。

三、关于"科技向善"理念的辨析

首次，让我们分析一下什么是科技。"科学技术是第一生产力。放眼古今中外，人类社会的每一项进步，都伴随着科学技术的进步。尤其是现代科技的突飞猛进，为社会生产力发展和人类的文明开辟了更为广阔的空间，有力地推动了经济和社会的发展。中国的计算机、通信、生物医药、新材料等高科技企业的迅速增长，极大地提高了中国的产业技术水平，促进了工业、农业劳动生产率大幅度提高，有力地带动了整个国民经济的发展。

实践证明，高新技术及其产业已经成为当代经济发展的龙头产业。"① 由此可见，"向善"是科技的天然、内在属性。

其次，科技是一把"双刃剑"，科技与金融的深层次融合在促进金融普惠发展的同时，也给金融业带来了新的风险，并导致传统金融风险产生异化，对金融监管形成了严峻的挑战。虽然技术的创新、变革和应用给金融业带来了新的风险，但应该清晰地认识到技术是中性的，金融科技行业主要风险是由使用技术提供金融服务的各类主体带来的，特别是在经济增速放缓、监管手段不足、金融消费者风险意识缺乏的情况下，部分平台与机构在监管灰色地带展业、违法违规经营才是金融科技风险案件频频爆发的主要诱因，故而金融监管的重点应集中在整治和打击平台和机构违法违规经营行为方面。

鉴于此，"科技本善，用之向善"才应该是平台和机构展业过程中应该秉承的指导理念，金融监管机构应着力引导平台和机构用"向善"的方式利用科技，将科技作为促使金融服务"又普又惠"的技术，而不是用于违规经营、逃避监管、获取不正当利益的手段。

四、金融监管体制改革与监管科技体系建设之间的关系

当前和今后一个时期我国金融领域尚处在风险易发高发期，在国内外多重因素下，风险点多面广，呈现隐蔽性、复杂性、突发性、传染性、危害性特点，结构失衡问题突出，违法违规乱象丛生，潜在风险和隐患正在积累，脆弱性明显上升，既要防止"黑天鹅"事件发生，也要防止"灰犀牛"风险发生。金融风险隐患的积累和基于机构监管理念的金融监管体制是有密切联系的，"铁路警察，各管一段"的监管模式针对同一类金融产品

① 科学技术，百度百科，https：//baike. baidu. com/item/%E7%A7%91%E5%AD%A6%E6%8A%80%E6%9C%AF/3348043？fromtitle=%E7%A7%91%E6%8A%80&fromid=662906&fr=aladdin.

或业务在不同市场、不同区域、线上线下的监管标准不一致，不仅给机构监管套利预留了空间，也为大量非金融企业非法从事金融业务留下了空隙，为此需要推进金融监管体制改革。全国第五次金融工作会议明确要求，坚持从国情出发推进金融监管体制改革，增强金融监管协调的权威性和有效性，强化金融监管的专业性、统一性、穿透性。党的十九大提出健全金融监管体系，守住不发生系统性金融风险的底线，2017 年中央经济工作会议强调做好重点领域风险防范和处置，坚决打击违法违规金融活动，加强薄弱环节监管制度建设。

推进金融监管体制改革是从制度上防范金融风险，但基于金融创新使得金融产品、金融业务之间的边界模糊化，跨市场、跨业态、跨区域的影子银行和违法犯罪风险增加，这些和监管能力不足也有直接关系。因此，要打好防控重大风险攻坚战，既要推进金融监管体制改革，转变监管理念，改革监管制度，也要推动金融监管技术的创新。而发展监管科技，以科技改善金融监管，以科技应对金融创新，以科技防范金融风险，正是当前金融监管技术创新领域聚焦的关键。在着力推动监管科技发展以防控金融风险的同时，也看到监管科技也有局限性，不能完全解决监管者的约束机制问题，还需要金融监管体制改革的推进。[①]

第二节　监管科技仍然无法解决的问题和面临的发展难题

一、数据难题——"数据垄断"和"数据孤岛"并存

一方面，出于商业竞争和成本控制的需要，金融机构缺乏共享数据的动机，特别是一些金融科技企业，通过社交软件、购物软件和支付工具掌

---

① 孙国峰 . 监管科技研究与实践 ［M］. 北京：中国金融出版社，2019.

握着庞大的客户个人信息和行为数据，很容易形成数据垄断。另一方面，金融监管机构和金融机构分别站在各自立场对数据进行理解、定义、搜集、整理和存储，这些数据之间难以实现共享，即使对于同一数据，由于金融监管机构和金融机构所在立场和角度不同，其对于数据的处理也可能是不同的，这使数据在物理层面与逻辑层面均形成了"孤岛"，增加了金融监管机构和金融机构数据合作共享的沟通成本。在金融监管机构没有对数据上报提出明确要求、没有解决共享动机的情况下，依靠监管科技依然无法打破目前的"数据垄断"和"数据孤岛"难题，也会使部分基于大数据技术的监管科技应用缺乏公信力和可比性。

二、供给难题——金融科技公司"既当运动员，又当裁判员"的现象普遍存在

从监管科技发展路径来分析，金融科技公司和专业的监管科技公司均可以成为监管科技工具、技术和系统的供给方，但由金融科技公司来研究和开发监管科技，很容易催生"既当运动员，又当裁判员"的现象，金融科技公司极有可能转变为"隐性监管者"。

由于金融监管机构独立开发监管科技在体制机制、人员保障、资金保障以及技术支持等方面存在诸多障碍，所以由金融监管机构提出监管需求，由市场来提供监管科技服务是一条较为恰当的发展路径。但值得关注的是，在监管科技的研发与应用中，由于金融监管机构很难掌握大数据、云计算、人工智能、机器学习等技术的核心算法和规则，如果由金融科技公司来提供监管科技服务，难免会让其掌握更多的金融数据和监管数据，加上其原先就已经搜集的客户个人信息和行为数据，不仅将进一步加剧数据垄断，还可能向其提供了寻找监管科技的漏洞甚至为自身开辟"后门"的机会，从而极有可能引发金融科技公司躲避监管甚至

影响监管的行为。

三、决策难题——监管科技仍无法取代监管者作出决策

虽然监管科技在缓解当前金融监管机构监管压力，提升监管效率，改善监管水平方面大有可为，但科技手段仍然无法取代监管者判断与决策。由于目前监管科技尚属于新兴事物，其有效性尚未经过一个完整的经济周期来检验，新兴信息技术存在的局限性是否会引发新的风险问题尚不可知。因此，在目前的金融监管实践中，监管科技只能为监管者做出判断与决策提供依据和技术支持。

四、监管难题——科技应用不均衡可能带来新的监管套利

从目前发展水平来看，监管科技在监管领域的发展明显滞后于合规领域的发展，监管科技发展不均衡带来的问题已经开始凸显，主要表现在金融监管滞后于金融创新，金融监管能力不足问题依然存在。在监管要求、盈利目标以及成本约束的三重压力下，金融机构天然倾向于研究应用合规科技，将合规科技导入业务管理全流程，从而增强合规能力，降低合规成本，最终达到完善运行模式、提升经营效率、增加利润的目标。当所有的金融机构都开始深入研究应用合规科技，而金融监管机构由于受人力、资金、技术等多因素限制，监管科技发展缓慢且滞后，就极有可能刺激金融机构利用合规科技寻找监管漏洞，降低监管有效性甚至游离于监管体系之外，从而形成新的监管套利。

五、普惠难题——金融机构风险控制趋同与金融普惠发展要求"逆向而行"

金融科技天然具有普惠金融的基因，其提供的快速的、低成本的、无抵押无担保金融产品和服务对于缓解小微企业融资难、弱势群体贷款难等困境起到了重要作用。随着合规科技的发展与应用，金融机构开始利用大数据技术搜集客户个人信息和行为数据，对客户进行"精准画像"，为风险控制提供依据。虽然合规科技的使用减少了人工干预，提高了风险控制的精准度，但由于基于大数据技术的风险控制工具的数据搜集维度和核心算法基本是趋同的，当所有金融机构都采用同样或类似的风险控制工具，就会造成一部分小微企业、弱势群体在任何金融机构都无法获得金融服务，这与普惠金融发展的诉求是背道而驰的。

第八章　他山之石——监管科技国际实践

他山之石，可以攻玉。发达国家金融监管机构已经大范围使用大数据、云计算、人工智能等现代信息科技用于强化金融监管能力、改善金融监管水平。鉴于此，系统梳理美国、英国、新加坡等国金融监管机构监管科技的实践，并从中总结对我国金融监管机构发展与应用监管科技的有益经验，对于我国构建监管科技将大有裨益。

第一节　美国监管科技实践

美国作为世界科技发展的"领头羊"，其在大数据、云计算、人工智能、区块链等技术领域开展了深入的研究，并在部分领域实现了应用落地。在监管科技方面，美国政府对科技在金融监管中的应用持较为积极的态度，认为金融监管机构可以更积极、更有计划、更安全地将科技导入金融监管领域，将监管科技发展列入金融监管机构的战略规划中。

一、科技在美国反洗钱领域中的应用与实践

金融犯罪执法网络（Financial Crimes Enforcement Network，FinCEN）是美国反洗钱与反恐怖融资的核心监管部门。金融犯罪执法网络是美国财政部的一个下设机构，其主任由财政部部长任命，主要负责向财政部主管恐怖主义和金融情报的副部长报告反洗钱与反恐怖融资日常工作。金融犯罪

执法网络的使命是通过收集、分析和传播金融情报，保护金融系统免受非法侵害并打击洗钱与恐怖融资行为，保障国家经济和社会安全。金融犯罪执法网络通过接收和维护金融交易数据来履行其使命，出于执法的目的分析和传播以上数据，并负责与其他国家的对应组织和国际机构建立全球合作。

金融犯罪执法网络主要根据 1970 年发布的《货币和金融交易报告法案》（*Currency and Financial Transactions Reporting Act*）行使监管职能，该法案经 2001 年《美国爱国者法案》（*USA Patriot Act*）第三章和其他立法修订，其立法框架通常被称为《银行保密法》（*Bank Secrecy Act*，BSA）。《银行保密法》是美国第一个也是最全面的反洗钱与反恐怖融资法律，授权财政部部长发布法规，要求银行和其他金融机构采取一系列预防金融犯罪的措施。

作为全球金融科技最发达的国家，美国为了提高金融科技监管效率，打击金融犯罪行为，迅速布局监管科技，以新技术赋能金融监管，并以此维护美国国家金融体系的稳定运行和金融市场秩序。金融危机后，美国实施了一系列监管改革议程，逐渐堵住了金融监管漏洞，但也明显增加了金融监管机构的监管成本和金融机构的合规成本。整体来看，反洗钱与反恐怖融资领域中的科技解决方案可以有效解决以下问题。

第一，形成资本和流动性报告以及压力测试，需要整个金融系统收集和整合高质量的结构化数据，但由于传统的 IT 系统存在不兼容以及技术过时等问题，使数据的收集和整合变得越发复杂。

第二，压力测试和风险管理所需的建模、情景分析和预测等环节对计算能力提出越来越高的要求，特别是需要分析大量的风险数据、情景数据、变量并实现分析预测方法多样性。

第三，支付交易监控（特别是实时监控）的一个瓶颈是支付系统生成的交易元数据质量低、兼容性大。这使识别洗钱和恐怖主义融资交易元数据的自动解释变得复杂。

第四，在金融科技时代，根据"了解你的客户"的要求，全面、复杂的金融消费者身份识别可能降低反洗钱监管效率。

在美国，科技已经得到了监管部门的广泛认可与使用，已经有一些技术被确认能够在反洗钱领域中发挥作用。

一是科技可以提高数据整合和管理水平。新的加密和安全技术通过保护隐私、确保数据安全性和完整性，提高了向金融监管机构披露信息的效率。实现数据存储安全达到单元级是密码学在信息共享方面的重要应用，它将使单个机构能够根据其访问授权仅获得相关和特定的信息。数据的提取和解析过程将根据属性、对象和访问类型标记每个唯一的元数据组件，从而消除了构造原始数据的需要，使单个机构能够搜索整个数据集。基于机器学习的数据挖掘算法可以助力分析大量的非结构化数据，对于探索大容量或高维数据也是非常高效的。对于区块链技术而言，其在设计上是透明的，可以成为一种机制，让金融监管机构可以实时、直接获取金融机构的反洗钱相关信息。由于所有交易都记录在分布式账本上，金融监管机构可以开展全面、安全、准确、不可逆转、永久的财务跟踪审计。这种对所有交易的近乎实时的监管将使金融监管机构能够更好地分析金融机构的反洗钱合规性以及系统性风险。但区块链对大容量、实时使用的适应性，以及所需系统和数据的标准化等问题，仍有待于解决。

二是高级数据分析和解释技术。机器学习可用于非结构化大数据识别，并有助于建立更准确的风险模型。通过最新的信息调整算法，机器学习的预测能力将不断提升。特别是在反洗钱压力测试和风险管理中，有利于进一步完善风险模型的定义、压力情景的计算和模拟，从而提高统计分析的准确性。通过实现 IT 流程的自动化控制，利用机器学习、数据流和存储可以提高反洗钱识别速度和效率，并将人为错误降至最低。机器学习可以用于分析和解释非结构化数据（如电子邮件、语音、PDF 文档和元数据等），有助于提升反洗钱监管效率。"了解你的客户"原则要求全面、准确识别金融消费者，通过机器学习、高级数据分析和解释技术可以实现金融消费者识别的自动化。此外，机器学习、高级数据分析和解释技术对可疑交易识别、开展实时交易监控也有极大的促进作用。

三是科技可以全面支持实时反洗钱合规和风险管理。反洗钱、反恐怖融资相关法规要求对金融交易进行监测并向监管机构报告，要求金融机构根据交易中的元数据来识别、标记可疑交易。金融机构既需要对交易进行事后检查，又需要开展实时监控、标记、阻止（或报告）非法交易。大数据、云计算以及人工智能等技术的应用可以为金融机构开展上述业务提供便利条件和技术支撑（见表8-1）。

表8-1 美国反洗钱监管中的技术解决方案

应用领域	技术解决方案
风险数据整合与管理	密码学、单元安全、数据接收、信息共享、区块链等技术可以用于改善金融机构内部、金融机构之间、金融机构与监管机构之间的数据管理、安全和整合工作； 机器学习和高级分析技术可以用于分析大量的结构化和非结构化数据； 开放的平台和网络可以帮助在整个反洗钱行业内构建强大的标准数据库
建模、情景分析和预测	机器学习、高级分析和新模型可以改进反洗钱与反恐怖融资的建模和数据分析； 数据存储、访问、共享和整合技术可以用于促进金融监管机构、金融机构通过数据可视化技术、高级数据分析技术来全面、完整、准确地解释数据
实时支付监控、报告和阻止	区块链有可能取代现有的分级支付系统； 机器学习可以用于解释支付系统的非结构化（元）数据输出
实名认证	区块链已用于数字身份验证，并可能在未来发展成为安全的信息共享系统； 利用数据挖掘、自然语言处理和可视化分析技术处理和分析非结构化数据，可以为客户自主注册提供可操作的技术解决方案； 鼓励利用生物识别、社会验证或其他新的身份验证手段
让金融机构更多地了解监管要求	认知算法、深度学习技术可以帮助金融机构全面、准确、及时地理解金融监管机构的反洗钱与反恐怖融资监管政策与法规

资料来源：根据美国金融犯罪执法网络官网公开资料整理。

二、美国监管沙盒实践

美国监管沙盒颇具特色，一方面，美国金融监管机构众多，包括联邦层面金融监管机构以及州层面金融监管机构，使其监管沙盒协调性面临挑战；另一方面，美国的司法体系和消费者保护体系较为完善，即便沙盒提供了监管赦免，也可能无法避免消费者对沙盒试验潜在的侵害行为发起集体诉讼，进而阻碍监管沙盒的深入推广。

1. 美国联邦机构的监管沙盒实践

2019 年 10 月 24 日，美国商品期货交易委员会（U.S. Commodity Futures Trading Commission，CFTC）、联邦存款保险公司（Federal Deposit Insurance Corporation，FDIC）、美国货币监理署（Office of the Comptroller of the Currency，OCC）和美国证券交易委员会宣布加入全球金融创新网络，与来自全球各地的金融监管机构和国际组织在监管创新实践与经验分享等领域加强合作。目前，消费者金融保护局（Consumer Financial Protection Bureau，CFPB）和货币监理署已经提出明确的监管沙盒计划；美国财政部（U.S. Department of the Treasury）虽然在 2018 年 7 月的一份报告中强调使用监管沙盒来促进创新，但尚未出台明确规划和框架；美国证券交易委员会于 2019 年 10 月利用沙盒工具首次对清算机构注册采取了不行动信函；商品期货交易委员会于 2017 年 5 月宣布成立 LabCFTC，为金融科技公司创造了一个类似监管沙盒的环境。

（1）消费者金融保护局监管沙盒实践

①合规援助沙盒政策（Compliance Assistance Sandbox Policy，CAS）

2018 年 12 月，消费者金融保护局发布了关于不行动信函（No-action Letters，NAL）最终政策的建议修订，并提出创建一个监管沙盒，该沙盒将对金融科技企业及消费者金融保护局法规涵盖的任何其他实体开放。2019

年9月，消费者金融保护局发布其最终的监管沙盒框架，即合规援助沙盒政策，为面临监管不确定性的实体提供了约束性保证，使其产品或服务符合特定的法律规定。消费者金融保护局针对现行法律对特定事实和情况的适用性，根据三项法定安全港规定①中的一项或多项对项目进行批准。通过实施简化的申请和审查程序，消费者金融保护局在告知申请人其项目申请已被接受的60天内完成批准。合规援助沙盒申请过程中，申请人必须描述通过沙盒提供的产品或服务，解释产品或服务的潜在益处和风险，并确定申请人寻求豁免的法规和管理规定，描述产品及服务对消费者的潜在影响，指明要求保密处理的资料等。一般而言，合规援助沙盒规定产品及服务的测试时间为2年，但参与者可根据规定的程序申请延期。合规援助沙盒的参与者必须同意与消费者金融保护局共享数据，以便该机构确定产品或服务是否对消费者造成"重大、有形的损害"，消费者金融保护局将在一定程度上公开披露与已获批项目有关的非机密信息。若在沙盒中提供产品对消费者造成任何重大损害，参与者还必须同意进行赔偿。不过，参与人也可获额外豁免，消费者金融保护局拥有行使权豁免公司免受某些法定或监管条文。合规援助沙盒还规定了消费者金融保护局与旨在促进创新的其他管理机构的协调机制，在可行的情况下签订协议，接受州、联邦或国际监管机构提供的合规援助。该沙盒试验的最终目的在于支持对法规的修订，而无须进一步延长一次性援助。

②试验性披露政策（Trial Disclosure Policy，TDP）

《多德—弗兰克法案》（*Dodd-Frank Act*）允许消费者金融保护局在一定责任保障下，在有限时间和范围内对机构进行试验，以测试新类型的披露准则，认为准确有效的披露将帮助消费者了解金融产品和服务的成本、收益和风险，就金融交易作出负责任的决定，助推金融市场公平、透明和竞

---

① 指贷款法 *Truth in Lending Act*（TILA）、电子资金转移法 *Electronic Fund Transfer Act*（EFTA）以及平等信贷机会法 *Equal Credit Opportunity Act*（ECOA）。

争高效运行。消费者金融保护局于 2013 年首次发布了试验性披露政策，并于 2019 年 9 月进行了更新，以鼓励市场积极参与。根据《多德—弗兰克法案》规定，国会授权消费者金融保护局为参与者提供某些法律保护，以实施试验性披露政策。该计划旨在改进消费者金融保护局管辖范围内的披露规则和示范表格。消费者金融保护局可以为实施此类计划的参与者提供合法的避风港，使其不受某些规则或消费者保护法律的要求，鼓励参与者进行创新。申请政策豁免需说明项目涉及的披露机制、相关风险及缓释措施、法规豁免及披露计划涉及的消费群体、实验数据分享范围等，消费者金融保护局将在认为申请材料完整后的 60 天内批准或拒绝申请。当消费者金融保护局允许试行披露方案并签发试验性披露政策豁免书时，需要向测试者提供书面文件说明其许可和豁免的条款和条件，并由创新办公室副主任（Assistant Director of Innovation Office）和参与者的一名高管共同签署。试验性披露政策计划的测试时间为 2 年，参与者可要求延长试验披露计划的许可期限，并同时要求延长豁免期限。此外，消费者金融保护局将酌情与联邦机构和州监管机构协调，通过一个州沙盒或一组州沙盒或其他范围有限的州授权方案，促进对消费者金融产品及服务的一致监管待遇。

（2）货币监理署的创新试点计划

经过广泛的信息收集、公众评论和对现有沙盒模型的风险和效益研究，2019 年 4 月 30 日，货币监理署提出了一项创新试点计划（Innovation Pilot Program），以支持对创新金融产品、服务和流程的测试，该计划类似于监管沙盒的概念。

该计划旨在为符合条件的实验主体提供一致和透明的框架，以便与货币监理署进行小规模、短期的试点测试，以确定其项目可行性或考虑如何在大规模活动中发挥作用。该计划主要有五点目标：一是支持美国联邦银行系统内负责任的创新，包括开发和提供更有效、更高效的活动，使消费者、企业、金融机构和社区受益。二是在货币监理署和符合条件的测试实体之间实现及时的信息沟通，就安全和可靠性期望、风险管理原则以及合规要求等内容进行交流。三是加强货币监理署对创新活动及相关风险的理解和监督能力。四是促进与创新活动的性质、规模和风险相适应的风险控制和保障措施的发展。五是促进货币监理署实现政策目标，包括审查以及调整可能抑制有效创新的监管方法。

该计划针对由货币监理署监管的金融机构（国家银行、联邦储蓄协会及其附属机构、联邦分支机构和外国银行），包括那些聘请第三方提供创新活动的金融机构。创新试点计划规定具有潜在掠夺性、不公平或欺骗性特征的建议，对消费者构成不应有的风险或对机构构成不应有的安全风险，与现有的法律法规不一致或违反货币监理署政策的提案，不允许进入计划。一般而言，计划规定货币监理署参与试点的时间不少于 3 个月，不超过 24 个月。试点的期限将逐案评估，并与每个试点的性质、目标及相关风险相适应。该计划可能使用定制的监管工具，如不行动信函、监管反馈和货币监理署主题专家的技术援助。货币监理署可以在本计划范围内解决拟议活动的法律许可问题，但是，必须在任何现场测试之前确定法律许可。该计划不提供任何法定或监管豁免，也不免除参与该计划的实体遵守适用的法律法规，包括消费者保护的相关法律。货币监理署要求符合条件的试点机构根据试点的规模和性质制定相关的风险控制和保障措施，并在影响可能扩大时及时进行修订，试点机制还包括在特殊情况下的适当退出策略。如果试点涉及与消费者进行现场测试，合格的实验实体还应纳入额外的风险控制和保障措施，包括消费者通知或同意、适当的投诉处理程序，以及消费者补偿机制，例如试点计划对消费者造成任何损害时作出及时和公平的赔偿。

（3）其他联邦机构监管沙盒实践

①美国财政部的监管沙盒倡议

2018 年 7 月，美国财政部发布了一份关于非银行金融、金融科技和创新的报告。在报告中的 80 多项建议中，财政部提出监管沙盒有助于促进创新能力，并强调要在国际上使用监管沙盒来促进创新。具体来说，财政部建议联邦和州级金融监管机构建立统一的解决方案，根据适用的法律和法规来加快监管救济（Regulatory Relief），以便促进金融产品、服务和流程创新。

②美国证券交易委员会的临时沙盒

2019 年 10 月，美国证券交易委员会效仿沙盒方法，首次对清算机构注册采取了不行动信函。1934 年《证券交易法》第 17A（b）（1）节规定，在没有登记或豁免的情况下作为清算机构经营是非法的。此次的实验对象 Paxos 并没有注册，也没有得到豁免权，但是它将履行清算机构的职能。美国证券交易委员会允许 Paxos 进行有限的实验，以评估区块链技术在生产环境中进行清算和结算证券交易的效用。本次测试是美国证券交易委员会临时启动的沙盒，因为美国证券交易委员会尚未建立任何允许此类实验的完整框架、参数和控制措施。为了避免该实验对美国证券交易市场产生重大影响，该实验也受到了多种方式的限制，包括最多有 7 名参与者，且全部必须是注册经纪交易商、金融行业监管局成员和存管信托公司，参与者必须符合最低资本化标准，并向 Paxos 提供财务信息；参与者只能向 Paxos 结算服务提交某些高流动性股票证券进行清算和结算等。

③商品期货交易委员会的实验中心

商品期货交易委员会于 2017 年 5 月宣布成立 LabCFTC，并将其置于总法律顾问办公室之中①。该实验中心是商品期货交易委员会围绕金融创新所做努力的焦点，为金融科技公司创造了一个类似沙盒的环境，使之更容易进入商品期货交易委员会。LabCFTC 作为一个交流平台，也有助于商品期货交易委员会参与新技术研发，进而更高效地履行使命职责。但是，与监管沙盒不同，

① 2019 年 10 月 24 日，商品期货交易委员会宣布将 LabCFTC 升级为其下属的独立办公室部门，并向委员会主席直接汇报。

LabCFTC 不为创新提供监管机构，它只提供平台让金融科技公司与商品期货交易委员会专家进行交流讨论。LabCFTC 有两个核心组成部分，即指导点（Guide Point）和 CFTC 2.0，其中指导点是金融科技创新者与商品期货交易委员会接触、了解商品期货交易委员会监管系统并接收反馈的专用联络点，也是创新者识别现有规则中潜在摩擦或不确定性的渠道。CFTC 2.0 作为新技术的测试环境，旨在帮助商品期货交易委员会了解和测试新技术，成为一个更有效的监管机构。

2. 美国各州政府的监管沙盒实践

（1）亚利桑那州的监管沙盒

2018 年 3 月，亚利桑那州州长道格·杜伊（Doug Ducey）签署了 HB 2434 法案，提出监管沙盒计划（Regulatory Sandbox Program），该州成为美国首个引入监管沙盒的州。2018 年 8 月，亚利桑那州宣布正式推出沙盒，以减轻该州对金融创新机构的监管负担。该州的监管沙盒由总检察长办公室（Arizona Attorney General Office）管理，第一个参与者支付平台 Omni Mobile 于 2018 年 10 月开始进行沙盒实验。

亚利桑那州的沙盒计划旨在通过减少"一刀切"的监管要求，让创新理念更快地进入市场，在沙盒中实验的金融服务包括融资、消费贷款、投资管理和资金转移。初始的沙盒实验要求消费者必须成为亚利桑那州地居民，但在 HB 2177 法案取消了该规定[①]，要求交易发生在亚利桑那州即可。沙盒项目一旦获得批准，参与者就可以自由地向公众提供其产品或服务，但必须受到某些活动和消费者保护的限制，这些限制包括以下几点：一是参与者只能对其认可的产品或服务进行 2 年的测试。2 年后，参与者必须申请许可证以继续其服务，或者停止在亚利桑那州提供服务。在某些情况下，第一个两年有效期结束后，参与者可以申请延长 1 年。二是与参与者提供的

---

① 2019 年 4 月，亚利桑那州签署了 HB 2177 法案，对监管沙盒规定进行了修订完善。

特定服务或产品相关联的特定限制，包括限制消费者的数量、活动和交易数量。例如，从事货币交易的参与者可以为不超过 10000 名客户提供服务①，消费者贷款每笔不得超过 15000 美元，每名消费者的贷款总限额为50000 美元。三是参与者必须向其客户提供特定的信息披露，并保存足够的记录，以执行消费者保护。四是沙盒只适用于亚利桑那州的法律，因此，参与者应确保其活动不涉及联邦法律或其他国家的管辖权。

（2）怀俄明州的监管沙盒

2019 年 2 月 19 日，怀俄明州州长马克·高登（Mark Gordon）签署了HB 57 法案，即《金融科技沙盒法案》（*Financial Technology Sandbox Act*），该法案于 2020 年 1 月 1 日起生效。该州的监管沙盒将向创新的金融产品和服务开放，包括那些专注于区块链和加密货币的产品，并允许对这些产品进行长达 2 年的测试。沙盒申请需要缴纳 500 美元的申请费，并提供商业计划、产品及服务细节说明、标准背景调查和消费者保护保证金。提出申请后，银行专员或州务卿（Banking Commissioner and Secretary of State）会审查申请，并在 90 天内做出决定。在某些条件下，该法案授予州银行专员和州务卿各种监督权和执行权，包括撤销和暂停的权力，可以授权企业享受特定法规或规则的有限豁免，以及签订与其他监管机构的互惠协议。在个案协商基础上，还可以指定沙盒实验允许接收创新产品或服务的最大消费者人数，要求已获批准的沙盒应用程序向消费者提供一份包含特定信息的书面声明。同时，定期发布与怀俄明州法律和许可活动有关的不行动信函和解释性指南，但这个过程与沙盒是分开的。怀俄明州法律允许怀俄明州与其他州、联邦和外国司法管辖区之间的互惠沙盒链接，以便在每个司法管辖区同时提供产品或服务。

---

① 如果测试项目有足够的财务资本、风险管理和监督后，服务对象可以增加到 17500 名消费者。

（3）犹他州的监管沙盒

2019 年 3 月，犹他州州长加里·赫伯特（Gary Herbert）签署了有关监管沙盒的 HB 378 法案，该法案的创建意味着美国第三个州启动了金融科技监管沙盒计划，该州沙盒从 2019 年 5 月 13 日起生效，由犹他州商务部（Utah Department of Commerce）负责管理。犹他州沙盒针对创新的金融产品和服务，其定义明确包括区块链技术①。不同于亚利桑那州的沙盒计划，犹他州沙盒规定申请人必须在犹他州有一个物理场所，并且必须在该场所开发和执行创新产品或服务的所有测试②。商务部将在 90 天时间内批准或拒绝一份完整的申请，但这一时间期限可以通过双方共同协议延长，如拒绝项目，商务部要必须提供拒绝依据的书面解释，且没有明确禁止行政上诉③。监管沙盒项目的测试期为 2 年，可申请延期 6 个月，对于测试的交易及服务没有特定的规模及价值限制。一般规定，沙盒授权的创新产品和服务，都必须提前告知消费者，参与者并没有根据当前的州法律获得提供产品或服务的许可或授权，只是通过沙盒授权进行实验。如果产品或服务基于互联网或应用程序，消费者必须在交易完成前确认收到信息披露。犹他州沙盒没有保护商业机密的相关规定，所以沙盒参与者需要采取额外的预防措施来保护其商业秘密。

（4）哥伦比亚特区金融服务监管沙盒和创新委员会

2019 年 2 月 14 日，华盛顿特区市长穆丽尔·鲍泽（Muriel Bowser）成立了一个由 21 名成员组成的哥伦比亚特区金融服务监管沙盒和创新委员会（District of Columbia Financial Services Regulatory Sandbox and Innovation Coun-cil）。该委员会的主要任务是调查为金融服务开发一个监管沙盒的可行性，

---

① 犹他州和怀俄明州对创新产品的定义明确包含了区块链，亚利桑那州虽然没有具体提到区块链技术，但表示"某些区块链或加密货币产品及服务也可能符合条件"。
② 亚利桑那州允许参与者在"司法部部长可以充分访问的物理或虚拟位置进行操作，从该位置将开发和执行测试，并维护所有所需的记录、文件和数据"。
③ 亚利桑那州的拒绝决策不是可上诉的，犹他州的立法没有明确禁止行政上诉。

评估在华盛顿特区建立金融服务监管沙盒的好处，并研究监管沙盒的监管救济与豁免对消费者和市场的危害，以及保护消费者和金融服务市场的必要保障措施。该委员会最终将提交一份报告，就金融科技和其他技术企业在华盛顿特区开发、实施和管理监管沙盒提出建议。

第二节　英国监管科技实践

2014 年，监管科技的概念最早起源于英国，此后英国金融监管机构针对监管科技进行了大量的研究与应用，为鼓励英国金融产品和服务创新、保护金融消费者、促进金融业有效竞争提供了坚实的技术支撑。

一、科技在英国反洗钱领域中的应用与实践

随着英国金融业规模不断扩张以及全球化进程不断深入，洗钱活动引致的犯罪行为给英国经济社会带了巨大风险，因此反洗钱已经成为英国金融监管的重点工作之一。信息技术在反洗钱领域具有较大的发展潜力，英国金融行为监管局、审慎监管局等监管机构引导和支持金融机构试验各种创新解决方案，以管理其金融犯罪风险和减少运营管理费用。在英国，许多机构已经考虑或试验了新技术，以应对洗钱等金融犯罪行为。首先，对于消费者筛选，特别关注分析技术和机器学习（Machine Learning）来提高筛选率的准确性，以减少误报的影响；其次，在交易监控领域，使用数据分析（Data Analysis）、机器学习和自然语言处理（Natural Language Processing）等技术能够辅助识别可疑交易并实时评估其风险；最后，新技术有可能对监管报告和管理信息产生积极影响，特别是通过使用数据可视化技术（Data Visualization Technology），使金融机构能够更好地了解其服务对象群体，更好地管理其反洗钱业务。

英国反洗钱周期包含四个主要过程，分别是金融消费者引入与维护、金融消费者筛选、交易监控和过滤、报告和管理信息。

1. 金融消费者引入与维护

金融消费者引入和维护领域应用的大部分新兴技术都是对现有技术的自然发展或扩展，主要包括：

（1）使用数据分析和机器学习可以在识别和预防欺诈、反洗钱与反恐怖融资方面产生巨大的积极影响。对公用事业行业更深层次的见解将使被监管金融机构能够更好地分析趋势和发现可疑的个人或机构。

（2）使用更为先进的分析技术，减少部分复杂业务对人工的依赖程度。例如自然语言处理技术将提供巨大的操作优势，可以通过完全自动化替代当前的手动审核。

（3）区块链技术在金融服务领域具有强大的发展潜力和潜在的变革性，但目前英国金融行为监管局和金融机构普遍缺乏对区块链技术的理解，这将会成为区块链技术应用于反洗钱领域的最大障碍。

（4）使用基于设备的数据，如使用来自手机的地理位置数据（包括金融消费者日常位置、日常移动模式和其他数据信息等），可以作为描绘消费者个人风险、了解金融消费者行为和个人特征的参考依据。

（5）通过视频的方式完成"了解你的客户"工作是一项相对成熟的技术，但其应用速度相对较慢。英国金融行为监管局和金融机构认为当金融消费者无法进入金融机构业务网点（如偏远地区或新兴市场）时，通过视频的方式完成"了解你的客户"工作能发挥很大作用，但除此之外，金融消费者对该技术的偏好相对较低。

2. 金融消费者筛选

在金融消费者筛选环节，英国金融行为监管局和金融机构普遍对新技术的应用及其可能带来的潜在影响持积极态度。新技术在金融消费者筛选中的应用包括以下几方面。

（1）使用更好的概率匹配和数据分析技术，以提高金融消费者筛选工作的质量，更好地确定潜在洗钱风险较高的个人和机构，并提升风险认定工作的准确性。

（2）金融消费者筛选中的关键应用是通过数据分析、机器学习和自然语言处理减少误报。对于金融监管机构和金融机构而言，通过采用新技术减少风险误报是节省反洗钱业务支出的重要途径。

3. 交易监控和过滤

现有的交易监控和过滤技术主要由基于决策树的系统组成，这些系统使用定义的规则集来识别异常值（如异常数量和异常位置的交易）并触发警报。由规则集来识别异常交易可能触发大量警报，通常依赖工作人员的手动检查和甄别，这往往导致真正可疑的交易只有在交易完成后才被发现，有时甚至是在交易发生数周后才被确认。对这些警报的审查对金融监管机构和金融机构来说是一项重大的业务支出。金融监管机构和金融机构正在积极探索这一领域的新技术，包括数据分析、机器学习和区块链驱动的解决方案。

（1）区块链或分布式记账技术已被广泛考虑，虽然其应用仍然处于早期阶段，但考虑到该技术的处理能力、可追溯性、可审核性等特点，金融监管机构和金融机构认为区块链技术在交易监控和过滤应用中具有广泛前景。

（2）在金融交易完成后，金融监管机构和金融机构可以利用数据分析、机器学习等技术为金融消费者建立个人支出概况，以便更好地识别、分析潜在的可疑交易。

值得注意的是，一方面，数据质量问题在交易监控和过滤中尤为突出，对于金融监管机构和金融机构而言，错误警报的生成大部分是由数据质量问题所致，而不是受到现有技术的制约。另一方面，当数据共享问题得以有效缓解，实现跨机构共享交易数据或者金融监管机构、执法部门共享关键的数据信息，则机器学习分析交易数据的能力将得到极大提升。在应用新技术改善交易监控和过滤过程中，金融监管机构、执法部门、金融机构展开了密切合作，建立起多项创新技术解决方案，可以同时满足监管要求和合规需求。

4. 报告和管理信息

传统技术在向金融监管机构或金融情报局（Financial Intelligence Unit，FIU）等机构报告方面发挥的作用有限。对于大多数金融机构而言，英国可疑活动报告（Suspicious Activity Reports，SARs）的制作和归档一直完全是人工处理的，几乎没有自动化或创新技术方面的应用和实践。当前，数据分析、机器学习等新技术的应用可以迅速减少需要人工审查或干预的潜在可疑活动报告的数量，从而显著降低反洗钱业务成本。此外，数据分析、机器学习等新技术以及导入新的工作流程能够更好地追踪可疑活动报告的进展，这可以使金融监管机构和金融机构之间、金融机构之间能够更好地共享报告与信息，极大地提升各部门在反洗钱工作中合作效率，为进一步减少非法资金流动提供了可能（见表8-2）。

表8-2　英国反洗钱领域新技术应用与实践概要

技术	描述	如何应用于反洗钱领域	技术应用情况	技术应用挑战
生物识别	利用生物识别技术（如指纹、虹膜识别、静脉映射、语音识别等）确认金融消费者身份	生物识别技术可以提高与金融消费者之间的互动，增加对金融消费者的认知水平	生物识别代表着成熟的技术，但可能严重依赖移动设备	使用移动设备进行生物识别时，如何确保注册步骤的安全可靠是一项挑战
区块链	区块链利用基于分布式记账的数据库技术进行一些潜在的案例应用	区块链拥有大量理论上的应用案例，其中有很多可以应用在交易监控方面	区块链技术在根本上得到了验证，但人们普遍怀疑是否已经确定了"正确"的应用	区块链技术缺乏令人信服的用例；另外，这项技术被认为是不透明的

续表

技术	描述	如何应用于反洗钱领域	技术应用情况	技术应用挑战
数据分析与机器学习	利用先进的数据分析、机器学习技术对海量数据进行加工处理，不仅具有更高的时效性且能够持续不断改进分析效果	数据分析、机器学习技术可以对不寻常的事件进行更全面的、实时的分析	数据分析、机器学习已被广泛使用和经过验证，且目前还在不断发展中	应用数据分析、机器学习技术在成本上不经济，而且数据质量仍然是一个重要的限制因素
地理定位	使用金融消费者的位置数据开展行为画像	验证金融消费者位置是否与识别的地址匹配、创建用于交易监控目的的行为画像等	地理定位技术是经过验证的，但精度可能会因设备不同而异	地理定位技术的实时使用和整理设备数据可能是一项挑战，更广泛的数据隐私影响也是如此
自然语言处理	自然语言处理包含可以模仿或分析人类语音/语言的技术	自然语言处理应用与增强的金融消费者筛选功能有关，包括姓名翻译/音译等	自然语言处理技术仍在发展阶段，但已被证实是一种有效的技术；自然语言处理比起完全的语言复制与分析，更像是一种简单化的任务处理技术	虽然自然语言处理技术在不断进步，但是在一些较为复杂的反洗钱业务领域仍然面临缺乏有效性的问题
通过视频"了解你的客户"	通过视频链接执行"了解你的客户"审查，可以帮助远程搜集金融消费者信息	通过视频"了解你的客户"不需要去实体网点进行办理，可以获得面对面沟通的效果	通过视频"了解你的客户"已经被证实是有效的	相对于现有数字交互技术，通过视频"了解你的客户"的优势并不是特别明显

续表

技术	描述	如何应用于反洗钱领域	技术应用情况	技术应用挑战
工作流程工具	先进的工作流程工具能够提供一个整合的工作流程、案例管理以及信息管理工具，并以此支持多样化的运营活动	工作流程工具通常用于为新金融消费者建立一个独立的资料库，也可以用于"可以活动报告"的形成与分析	工作流程工具已经被证实有效，而且已经可以应用于反洗钱业务	对于工作流程工具而言，提出一个令人信服的商业案例往往是具有挑战性的，因为在金融犯罪预防、降低成本方面，其他技术被认为能够提供更大收益

资料来源：根据英国金融行为监管局官网公开资料整理。

二、英国监管沙盒实践

2014 年 10 月，英国金融行为监管局启动创新项目（Project Innovate），旨在鼓励以消费者利益为出发点的创新，并通过颠覆性创新促进竞争。监管沙盒（Regulatory Sandbox）是该创新项目的重要组成部分，是由英国"首创"的，它为机构提供了在真实市场环境中测试创新技术的"安全空间"，能够让机构在其中测试创新产品、服务、商业模式和交付机制，同时确保消费者得到适当保护，也能够让机构就创新技术的研究与应用等议题与监管机构、消费者进行交流。

1. 英国监管沙盒概述

英国金融行为监管局认为，监管沙盒可以为创新机构带来很多好处，如大幅降低创新产品和服务进入市场的时间、扩大产品和服务的范围，从而让消费者受益。通过监管沙盒，英国金融行为监管局可以与创新机构一同合作，确保新产品和服务进入市场前，已经内置了适当的消费者保护措施。

监管沙盒向授权机构、需要授权但未授权机构以及希望在英国金融服务市场实现创新的机构开放。通过监管沙盒机制，英国金融行为监管局旨在为机构提供：在可控环境中测试产品和服务的能力；以较低的成本、更短的时间将产品和服务投放到市场；支持新产品和服务纳入确定适当的消费者保护保障措施；更好的融资渠道。

自 2016 年 7 月第一批机构进入沙盒测试以来，英国金融行为监管局已经完成了 7 个批次的沙盒测试，累计 153 家机构参与了测试（见表 8-3）。

表 8-3　英国监管沙盒测试情况一览

批次	时间	数量（家）	测试机构主要业务
第一批次	2016 年 7 月	18	分布式记账技术、数字货币、跨境支付、保险自动理赔、线上交互平台、半自动化的咨询工具、支付平台、财务管理软件、贷款服务、客户体验改善工具、私募证券发行和生命周期管理平台等
第二批次	2017 年 1 月	24	在线资产管理、基于网络的外汇期权交易平台、基于区块链的人道主义融资、创新保险模式、在线贸易信用保险、信用和发票管理工具、基于人工智能和数据共享的风险管理和分析服务、由人工智能和面部识别生成的客户行为评估档案、在线福利对比平台、跨境汇款、远程监测驾驶技术等
第三批次	2017 年 6 月	18	基于英国金融行为监管局法规的监管科技、跨境汇款平台、交易监控系统、围绕开放银行 API 设计的支付网络、人工智能决策、基于区块链上智能合约的自动化保险、区块链资产托管、区块链支付平台、利用深度学习和计算语言学检测银行中的高级黑客和漏洞等
第四批次	2018 年 7 月	29	基于分布式账本技术的债券发行和生命周期管理平台、基于心理学的风险管理平台、身份令牌、利用地理定位技术保护银行客户免受欺诈和金融犯罪、"永远在线"的抵押贷款咨询平台、基于区块链上智能合约的自动化保险、通过数字化信贷应用程序连接贷款发放与基础财务数据、数字广告平台、基于金融建模和机器学习金融咨询服务、使用账户数据支持身份验证和财务适用性、聊天机器人、与薪酬挂钩的贷款平台、基于分布式账本技术的私营公司股票发行融资平台、利用区块链技术开展保险分销、隐私驱动的"了解你的客户"和反洗钱解决方案等

续表

批次	时间	数量（家）	测试机构主要业务
第五批次	2019 年 4 月	29	围绕投资者的投资行为和投资组合对社会和环境的影响来分析投资者的动机和偏好、为患有特定疾病的消费者提供定制医疗筛查流程、金融咨询公司的数字平台、基于区块链的身份验证服务、使用机器学习身份验证和基于区块链密钥管理的分散数字身份平台、支持机器学习的身份验证服务和动态评估客户风险的"了解你的客户"解决方案、使用机器人和被动咨询的在线比较工具、基于分布式账本的无息工资预付款和现金流管理产品、在线交互、选择和交易抵押贷款的平台、财务健康管理平台、电子商务支付和验证数字身份平台等
第六批次	2020 年 7 月	22	基于区块链的电子货币平台、气候链应用程序、二手车智能数字贷款平台、使用区块链与智能合约的中小企业发票融资平台、多渠道支付启动服务、基于私有的分布式账本网络的集合投资基金发行和交易市场平台、公共交通无接触二维码支付解决方案、基于物联网的可持续融资平台、低成本的自动化咨询服务、财务福利平台、基于分布式账本的电子货币解决方案、使用财务健康指标来改变贷款决策的平台、基于分散许可网络的数字资产保管和交易服务、基于机器学习的学生金融服务平台、消费者隐私保护平台等
第七批次	2021 年 6 月	13	消费者对企业（C2B）移动平台、使用数字身份（ID）软件服务"KYC Connect"支持"了解你的客户"和反洗钱尽职调查要求、e-KYC 和数字标识解决方案、数字化健康保险产品、可重复使用的数字身份证解决方案、基于标记化平台的跨境支付、青少年银行账户的数字化注册、开放银行平台等

资料来源：根据英国金融行为监管局官网公开资料整理。

2. 英国监管沙盒工具（Regulatory Sandbox Tools）

监管沙盒包含了一系列基于专业监管知识的工具，以便开展测试。

（1）限制授权（Restricted Authorisation）

任何要在英国开展金融业务活动（受监管的业务）的机构必须获得英国金融行为监管局的授权或注册（某些豁免情况除外），以便参与沙盒测试。英国金融行为监管局为进入沙盒测试的机构提供了定制的授权流程，所有授权或注册都将受到限制，机构只能测试与英国金融行为监管局达成一致的创新方案。这使得参与沙盒测试的机构更容易满足金融监管要求，并减少测试启动和运行的成本和时间。

（2）非正式参与和指导（Informal Steers）

英国金融行为监管局向处于早期开发阶段的创新产品或商业模式提供非正式指导，以分析其潜在的监管影响。

（3）放弃或修改监管规则（Waivers or Modifications to Our Rules）

为了达成监管沙盒测试目标，英国金融行为监管局可以考虑放弃或修改过分繁重的监管规则，但不会放弃国内法或国际法。

（4）个别指导（Individual Guidance）

如果机构不清楚监管规则的适用性，英国金融行为监管局可以对沙盒测试中的具体规则进行解释。

（5）非强制执行函（No Enforcement Action Letters）

在未采取个别指导或放弃监管规则的情况下，只要参与测试的机构与英国金融行为监管局公开合作沟通，遵守约定的沙盒测试参数且公平对待消费者，英国金融行为监管局可以就接受可能出现的意外问题并采用非强制执行函工具，不会对机构进行处罚和纪律处分。

3. 全球沙盒（Global Sandbox）

2019年1月，基于英国2018年初提出的创建"全球沙盒"的建议，包括英国金融行为监管局在内的多国金融监管机构共同发起成立了全球金融创新网络（Global Financial Innovation Network，GFIN）。目前，全球金融创新网络吸纳了60多个成员组织，致力开展保护消费者权益的金融创新。全球金融创新网络旨在为金融监管机构和创新型机构的互动提供一种更有效的方式，帮助创新型机构在世界各国之间测试和实践新创意（包括跨境测试），从而为那些希望跨多个国家（地区）开展产品、服务或商业模式测试的机构提供了可供选择的解决方案。全球金融创新网络还致力于建立一个新的框架，以便金融监管机构之间就创新相关主题开展合作，分享不同的经验和方法。

4. 数字沙盒试点（The Digital Sandbox Pilot）

2020 年 5 月，在创新方法的基础上，英国金融行为监管局与伦敦金融城公司（City of London Corporation）合作开展数字沙盒试点，进一步加强对创新公司的支持，以应对新型冠状病毒（Covid - 19）大流行带来的挑战。截至 2021 年 4 月，共有 28 个机构参加了数字沙盒试点。本次试点共计收到了 94 个申请参与试点的应用程序，上述应用程序将被一个具有熟悉相关领域专业知识的咨询小组、英国金融行为监管局和伦敦金融城公司的评估人员进行审查。

（1）数字沙盒试点评估报告

英国金融行为监管局发布数字沙盒试点评估报告。该报告阐述了数字沙盒试点结果，包括如何加快金融服务领域创新产品和解决方案的研发，以及试点阶段的主要经验教训。英国金融行为监管局发现，对数字测试环境的访问成功地加快了绝大多数参与机构的开发时间，并有助于改进产品设计和完善早期业务模型。

（2）数字沙盒试点功能

英国金融行为监管局的监管经验和与业界的接触表明，开发一个永久性的数字测试环境将为金融服务提供重要价值。数据对于机构的运营方式、交互与沟通以及它们所服务的消费者来说已经变得越来越重要。这意味着数据访问、数据标准化难题已经成为市场参与者和创新者开展创新服务的障碍。构成数字沙盒试点基础功能包括：确保数据资产的可获得性，以便测试、培训和验证原型技术解决方案；搭建应用程序编程接口市场，以便数字服务供给商列出可以通过应用程序编程接口进行访问的服务；构建完整的发展环境，以便申请机构在其中开发和测试其解决方案；搭建一个包括金融监管机构、学术界、政府机构、风险投资和慈善机构在内的协作平台，为数字沙盒参与机构提供一个完善的生态系统；搭建一个观察平台，以便金融监管机构和其他利益相关方能够在技术层面上观察数字沙盒试点，为安全环境下的政策思考提供参考。

（3）数字沙盒试点关注和拟解决的主要挑战

①欺诈和诈骗挑战（Fraud & Scams）：金融机构如何更有效地利用先进的数据分析技术来分析和检测欺诈性的支付或金融交易？金融机构可以用哪些数据来改进欺诈识别模型？公共和私人机构间如何能够随时共享与欺诈行为人有关的实时数据？隐私增强技术能在多大程度上改善数据共享？如何更好地利用先进技术来检测可能发生在消费者身边的欺诈或诈骗？

②脆弱性挑战（Vulnerability）：如何更好地利用高级分析技术来帮助客户识别和管理风险？如何通过人为干预或其他方法更好地支持客户识别和管理风险？如何利用技术向消费者提供定制化的债务管理建议并帮助其改善债务状况？在收入波动不确定的环境中，如何利用技术和先进的分析手段来更好地管理风险，改善贷款和信贷服务？

③中小企业贷款挑战（SME Lending）：如何利用先进分析方法、数据改进中小企业风险建模、风险评估或信用评分流程？如何利用技术提高中小型企业获取金融服务的速度和效率？如何通过工作流程数字化来帮助中小型企业获得金融服务？

第三节　新加坡监管科技实践

得益于政府的积极支持和完备的金融基础设施，新加坡已经成为世界金融科技发展与应用的"高地",已形成较为完善的金融科技发展生态,也是全球金融监管最佳实践地区。新加坡金融监管局秉持"平衡金融监管与发展"的监管原则,通过实施差别化、适度化的监管,既防止监管"越位"也避免监管"缺位",既鼓励企业开展创新竞争也要求监管机构保持金融安全稳定,积极开展"科技+监管"实践,认为"创新技术不仅在改变金融业,也对中央银行改善监管大有裨益。中央银行监管任务是不变的,但鉴于经济社会发展环境的快速变化,完成监管任务、达成监管使命和目标的方式应有所转变。要做到这一点,中央银行不仅需要深入了解新金融供给主体及其产品和服务,还需要深入了解新技术——新技术是如何工作的?为什么要使用新技术?新技术如何更好地满足于金融消费者需求?新技术如何重塑金融业?新技术会带来哪些机遇和挑战?"[①]

一. 新加坡金融机构影响和风险评估工具

评估和监管金融机构风险是新加坡金融监管局的关键职能,主要包括金融机构风险监管目标、原则、框架、流程等内容,其中的关键环节就是如何使用综合风险评估框架和技术(Comprehensive Risk Assessment Framework and Techniques,CRAFT)来评估和确定金融机构风险。

1. 金融机构风险整体监管框架

新加坡金融监管局通过收集影响金融机构整体财务状况、业务和交易行为的数据信息,对金融机构展开持续监管,旨在及时识别和解决可能影响金融机构安全和稳健运行的风险,并保障金融机构业务和交易行为的透明度和公平性,进而确保新加坡金融体系的整体稳定性。

---

① Jacqueline Loh, Innovation in Central Banking - Seizing Opportunities, Securing Our Future, Speech at BIS Innovation Summit on 25 March 2021.

新加坡金融监管局金融机构监管框架的核心就是影响和风险分析模型。首先，通过对比分析方法，利用综合风险评估框架和技术评估确定金融机构影响和风险等级；其次，根据金融机构影响和风险等级，确定哪些金融机构会对实现监管目标产生较大影响；再次，综合研判并采取适当的监管策略，进而明确所需的监管强度水平；最后，针对不同的金融机构制订个性化的监管计划，解决通过模型评估确定的监管问题。同时，定期从对金融机构持续的监管中获得新信息（见图8-1）。

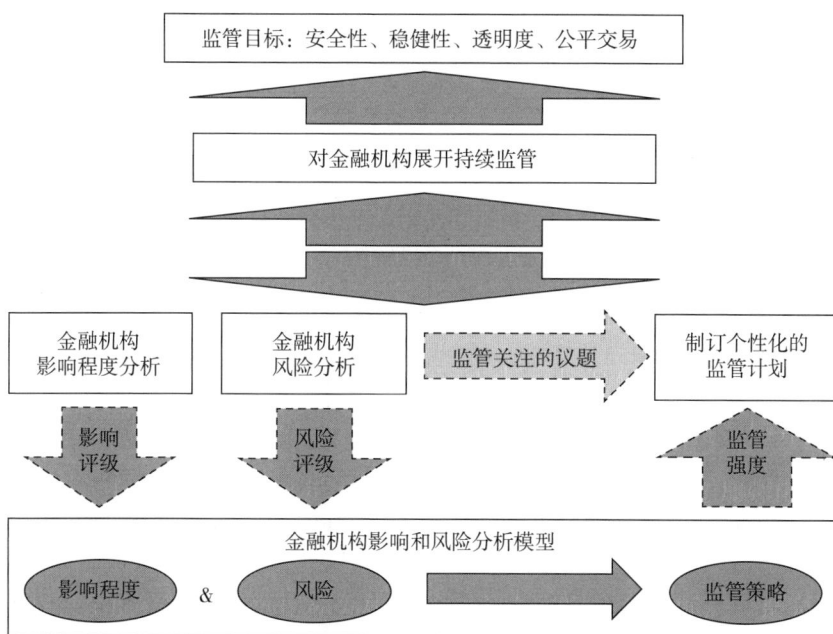

图 8-1　新加坡金融监管局金融机构监管框架

（资料来源：MAS' framework for impact and risk assessment of financial institutions,

Monetary Authority of Singapore, September 2015）

2. 金融机构影响和分析模型

金融机构影响和分析模型借助数据分析技术确定金融机构在金融体系中影响（即相对系统重要性）与风险（即相对风险状况），新加坡金融监管局据此将金融机构划分为四个监管类别。对于风险相同的金融机构来说，影响较大的金融机构通常会处于较高的监管类别。同样，在金融机构具有相同影响的情况下，风险较高的金融机构通常也会处于较高的监管类别（见图 8-2）。

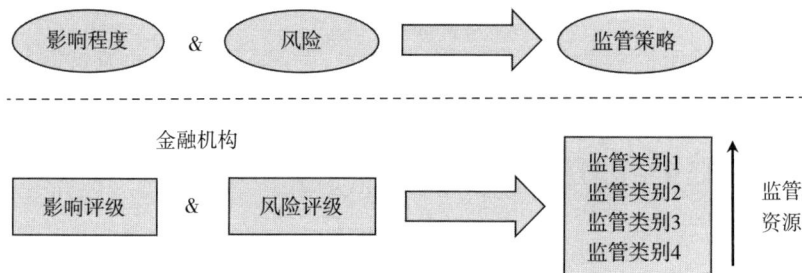

图 8-2　新加坡金融机构影响和分析模型

（资料来源：MAS' framework for impact and risk assessment of financial institutions，Monetary Authority of Singapore，September 2015）

新加坡金融监管局认为如果高影响金融机构出现问题，可能会对金融监管产生更大的影响。鉴于此，在划分监管类别时，影响评级相对于风险评级更为重要。在高影响、低风险金融机构和低影响、高风险金融机构之间，模型通常将前者划分到一个更高的监管类别。不同监管类别决定了不同的监管强度，监管类别从 4 上升到 1，监管强度随之增加，分配给更高监管类别金融机构的监管资源也相应增加。处在监管类别 1 的金融机构非常复杂，其业务范围广、涉及行业多且变化迅速，一旦出现风险，将对新加坡整个金融市场的稳定性、完整性造成破坏性影响。新加坡金融监管局通过对话和互动对这类金融机构开展持续性监管，全面搜集风险数据①，实现对风险的快速预测和应对。对于影响和风险较低的小型金融机构，新加坡金融监管局往往不单独对其进行风险评估，也未制订个性化的监管计划，而是采用标准化、一般性的监测，更多地依赖非现场监督、调查和专题审查

---

① 包括金融机构业务计划与战略及其业务、风险管理的变化等。

进行监管。

3. 金融机构风险整体监管框架的关键程序

（1）影响程度评估

影响程度分析反映了金融机构在新加坡金融体系中的相对重要性，主要评估金融机构在遭遇经营困难①时产生的潜在影响。综合考虑金融机构对新加坡金融体系、社会经济发展以及新加坡声誉的潜在影响等因素，新加坡金融监管局制定了金融机构影响程度标准，并据此对每个金融机构的影响程度进行评级。

在对金融机构影响程度进行评级时，新加坡金融监管局首先搜集金融机构所处行业、业务性质和经营规模等数据信息②，然后结合金融机构提交的监管报告中的数据，通过定性和定量分析方法对金融机构影响程度进行评级，主要包括以下方面：不同金融市场中的相对规模和重要性、服务对象规模、业务范围以及对维护新加坡金融体系稳定运行和市场信心的重要性等。一般来说，金融机构在重要金融市场中的作用越大，或服务对象群体规模越大，其影响程度评级就越高。

（2）风险评估

风险评估是识别和评估那些可能对实现新加坡金融监管目标产生影响的风险，并将此作为监管计划中确定风险处置方法的重要依据。新加坡金融监管局针对不同类型的金融机构（不考虑其所在的行业）使用单一的综合风险评估框架和技术来评估其风险，从而确保金融机构风险评估的一致性。金融机构整体风险评级是基于对内在风险、管理因素、监督和治理安排以及财务实力因素的评估（见表8-4）。

---

① 包括偿付能力遭受质疑、长期业务中断和重大业务问题等。

② 如零售存款的市场份额是评估银行影响程度的一个重要因素，当拥有巨大零售存款余额的银行陷入财务困境时，可能对新加坡银行体系和社会经济发展产生严重的不良影响。

表8-4　新加坡金融监管局综合风险评估框架和技术——风险评估要素

综合风险评估框架和技术			
整体风险评级			
机构风险			资本和保障
内在风险	管理因素	监督与治理安排	
·信贷/资产 ·流动性 ·市场份额 ·运营 ·技术 ·保险 ·市场行为 ·洗钱/恐怖主义融资 ·法律、声誉和监管	·风险管理和控制系统 ·运营管理 ·内部审计 ·合规业务	·董事会 ·高级管理人员 ·总公司/母公司	·资本 ·收益 ·保障支持
<<<<　　重要业务层面评估　　>>>>		<<<<　　机构层面评估　　>>>>	

资料来源：MAS' framework for impact and risk assessment of financial institutions，Monetary Authority of Singapore，September 2015.

整体风险评级反映了可能影响金融机构安全稳健运行或影响其市场行为透明度和公平交易的风险水平，评级一般分为高、中高、中低和低四个等级。新加坡金融监管局要求金融机构风险管理必须与其业务、风险状况相匹配，当金融机构计划从事更复杂或更高风险等级业务时，必须证明其风险管理能力与其风险偏好、业务规模与复杂性相适应。

（3）制订监管计划

新加坡金融监管局监管计划系统地列出了各金融领域的监管范围、监管工具、处置措施以及解决风险问题的预期时间框架。监管计划的确定与影响和风险评估密切相关，它确定了监管关注的关键领域，并详细说明了在风险评估中被确定为监管重点的关键业务及其风险管理流程，被评估为高风险的机构将比低风险的机构得到更频繁、更密切的关注。

在监管计划中，新加坡金融监管局提供了丰富的监管工具①，并根据风险实际情况和监管需求选择最适合、最有效实现预期监管目标的工具。诊断工具基于金融机构业务、风险管理以及客户资料数据和信息，旨在于早期阶段发现金融机构风险问题，使新加坡金融监管局能够在这些问题严重威胁到监管目标前，及时与金融机构进行沟通并采取预防和处置措施。处置工具要求金融机构与新加坡金融监管局合作开展风险处置行动。此外，新加坡金融监管局还问计于高校，以便更好地理解金融机构的风险管理和治理；通过组织金融监管领域的论坛，新加坡金融监管局可以与金融机构和其他金融监管机构就风险管理等议题交换意见。

4. 修订《技术风险管理指南》，指导金融机构完善技术风险管理框架

金融机构越来越多地应用新技术提供线上金融服务，但随之而来的技术风险不容忽视，新加坡金融监管局认为有必要完善风险管理系统以及操作流程来应对这些风险带来的挑战。2013 年 6 月，新加坡金融监管局修订了《技术风险管理指南》（*Technology Risk Management Guidelines*），规定了风险管理原则和最佳实施标准，以指导金融机构完善健全稳定的技术风险管理框架；增强系统的安全性、可靠性、弹性和可恢复性；应用强身份验证以保护客户信息、交易数据和系统安全。《技术风险管理指南》提出金融机构技术风险管理框架应包含以下属性：明确技术风险管理的作用和责任；识别信息系统资产并确定其优先级；确定和评估风险的影响和爆发的可能性；采取适当措施减轻风险影响；定期更新风险评估系统。《技术风险管理指南》建议金融机构应定义系统恢复和业务恢复优先级，并建立明确的恢复目标，定期测试和运行应急程序，验证备份恢复能力，在最大限度上降低因突发事件导致业务中断带来的不利影响；保持系统和组件具备足够的容量并相互关联，从而提升系统可用性；通过情景分析构建快速修复计划；

---

① 这些工具可以大致分为诊断工具（用于识别和监控风险）和处置工具（用于降低风险和弥补缺陷）。

通过制定用于存储关键信息的数据备份策略增强系统弹性。

为了保护信息和交易数据，金融机构要执行三个基本内部安全原则，即绝不孤单原则、职责分离原则以及访问控制原则。《技术风险管理指南》从用户访问管理、特权访问管理两方面提出要确保适当授权和批准访问 IT 资源的请求，但要进行严格监督、监视和访问限制。为实现问责制、识别未经授权的访问，金融机构必须确保唯一地标识和记录用户访问记录，以便进行审核和审查。采取控制措施和安全措施保护客户信息、交易数据和系统安全，包括对应用程序和系统的访问实施严格的密码控制，同时实施可靠的身份验证机制。

当前，新加坡金融机构越来越多地投资于应用程序编程接口、智能电子设备和虚拟化等新兴技术，以提高服务交付效率。但是，如果这些措施没有得到妥善实施和管理，可能会增加网络攻击面。鉴于此，新加坡金融监管局建议扩展《技术风险管理指南》，对网络监视、安全软件开发以及物联网带来的网络风险问题进行管理指导。

新加坡金融监管局还建议更新"业务连续性管理"（Business Continuity Management，BCM）指南，以提高金融中介机构制定业务连续性计划的标准，更好地解决金融中介机构运营部门之间的相互依赖性，以及与外部服务供给商的联系。此外，鼓励金融机构制订独立的审计计划，以定期审查其业务连续性管理工作的有效性。[1]

二、"公平、守德、负责、透明"原则

1. 新加坡金融监管局牵头，多部门合作制定基本原则

新加坡金融监管局通过"公平、守德、负责、透明"委员会（FEAT

---

① Monetary Authority of Singapore, Consultation Paper on Proposed Revisions to Business Continuity Management Guidelines, March 2019.

Committee）与资深行业伙伴密切合作，共同制定使用人工智能和数据分析技术的基本原则，同时纳入金融机构、行业协会、金融科技公司和学术界的观点和反馈意见。在制定使用人工智能和数据分析技术的基本原则时，新加坡金融监管局与个人数据保护委员会（Personal Data Protection Commission，PDPC）、信息通信媒体发展管理局（Info-Communications Media Development Authority，IMDA）密切合作，以使这些原则与其人工智能治理框架保持一致。

2. 制定"公平、守德、负责、透明"的原则

为了以更有效、更负责任的方式在金融产品和服务决策中使用人工智能和数据分析（Artificial Intelligence and Data Analytics，AIDA），新加坡金融监管局于 2018 年 11 月提出了"FEAT 原则"，即"公平、守德、负责、透明"（Fairness，Ethics，Accountability，Transparency）。不仅为金融机构使用人工智能和数据分析技术提供了指导原则，帮助其在改善业务流程、促进技术进步的同时进一步降低风险，也有助于增强社会公众对人工智能和数据分析技术的信任度。

"公平"原则侧重于两个关键方面，一是技术应用合理性，二是基于人工智能和数据分析做出决策的准确性与可靠性。该基本原则提出：基于人工智能和数据分析技术做出的决策不能让个人或集体处于系统性不利地位，除非可以证明这些决策是合理的；基于人工智能和数据分析做出的决策可以将个人属性作为输入因素；人工智能和数据分析技术的数据和模型要定期进行审查和验证，以确保准确性和相关性；定期审查基于人工智能和数据分析技术做出的决策，使模型能够按原先设计和预期运行。

"守德"原则要求人工智能和数据分析技术的使用需符合道德标准、价值观和行为准则，同时，基于人工智能和数据分析技术做出的决策要与人为决策遵循相同的道德标准。

"负责"原则建议人工智能和数据分析技术的使用必须得到相关部门的授权或批准；各机构应对人工智能和数据分析技术模型负责；管理层和董事会应对人工智能和数据分析技术的使用有足够的认识；为数据主体提供查询、申诉的渠道，允许对与其相关的基于人工智能和数据分析技术作出的决策进行审查；在审查基于人工智能和数据分析技术作出的决策时，要考虑数据主体提供的且经过验证的补充数据。

"透明"原则并不要求机构公开知识产权或发布专有源代码，而是建议机构应主动向数据主体公开使用人工智能和数据分析技术的情况，以此提高公众信心；根据要求明确说明哪些数据用于决策，以及数据如何影响决策；向数据主体提供清晰的说明基于人工智能和数据分析技术做出的决策可能对其产生的影响。①

3. 通过 Veritas 框架深化管理

2019 年 11 月 13 日，新加坡金融监管局宣布正在与金融机构合作，创建一个名叫 Veritas 的框架，以促使金融机构能够根据"公平、守德、负责、透明"的原则评估其人工智能和数据分析驱动的解决方案，加强金融业内部治理、人工智能应用以及数据的管理和使用。

Veritas 旨在为金融机构提供一种可验证的方式将"公平、守德、负责、透明"原则纳入其人工智能和数据分析解决方案，该框架将包括开源工具，可应用于不同的业务领域。首先，Veritas 专注于三个领域的用例：客户营销、风险评分和欺诈检测。"公平、守德、负责、透明"原则和 Veritas 是新加坡国家人工智能战略的重要组成部分，有助于为金融领域使用人工智能建立一个渐进和可信赖的环境。

---

① Monetary Authority of Singapore, Principles to Promote Fairness, Ethics, Accountability and Transparency （FEAT） in the Use of Artificial Intelligence and Data Analytics in Singapore's Financial Sector, November 2018.

三、科技在新加坡反洗钱与反恐怖融资中的应用

新加坡作为国际金融中心，资本流动频繁且管制较为宽松，资金容易通过离岸金融市场自由流入与流出，鉴于此，新加坡面临着不容忽视的洗钱风险。2016 年 6 月，新加坡金融监管局宣布成立反洗钱部门，全面执行反洗钱相关法律与政策，打击反洗钱活动，维护国家经济社会秩序。

1. 应用数据分析打击洗钱和恐怖融资行为

新加坡金融监管局一直在运用新技术来提高监管效率，并鼓励金融机构学习和采用新技术以改善其反洗钱和打击恐怖融资的检测效率和风险缓解能力。2017 年 4 月，新加坡警察局商务司和新加坡金融监管局共同主持成立了反洗钱和反恐怖融资行业合作伙伴（AML/CFT Industry Partnership，ACIP），汇集新加坡选定的行业参与者、监管机构、执法机构和其他政府实体，共同评估新加坡主要的洗钱和恐怖融资风险。为了专注于数据分析，反洗钱和反恐怖融资行业合作伙伴成立了数据分析工作组，将网络分析技术应用于可疑交易报告，辅以从金融机构收集的数据和执法部门的情报，识别整个金融部门的可疑活动和风险。通过利用数据、技术以及分析模型，金融机构可以提高其反洗钱和打击恐怖融资措施的有效性，并解决当前反洗钱和反恐怖融资方法的一些关键缺陷。通过自然语言处理和机器学习工具增强监测功能，以更有效地检测可疑交易并确定其优先级以进行审查。

（1）传统监测措施的缺陷

一是姓名筛选和交易监控的误报率很高。较高的误报率可能导致交易启动或处理延迟，引发客户不满。高误报率还会导致分析师警觉疲劳，降低处理问题的效率。数据分析解决方案具有降低误报率并在适当情况下自动进行匹配处理的潜力。

二是基于规则的交易监测难以适应复杂多变的金融犯罪。交易监测传

统上是基于规则的，并且依赖于已知洗钱和恐怖融资类型的预设参数和阈值检测系统。但是，金融犯罪分子并不总是以既定可预测的方式行事，而且犯罪分子还能够避免相关的门槛，规避此类交易监控并逃避侦查。数据分析解决方案可以帮助改进当前基于规则的监测方法。

三是很多人为失误会导致决策不一致。操作流程在很大程度上是手动的，容易出现不一致和人为错误，导致反洗钱和反恐怖融资工作效率低下，使员工花费大量时间在低价值工作上。尽管流程中有一些是基于判断，并且需要熟练的人工输入，但是通过技术和数据分析可以做到自动化或改进，实现分析工具与关键人员投入/判断之间的有效协作。

（2）数据分析的主要应用

新加坡金融机构在反洗钱和反恐怖融资中对数据分析技术的使用程度各有不同。一些金融机构已经深入应用或正在探索前沿解决方案。还有些金融机构尚处于初步阶段，不确定如何适当地将数据分析纳入其反洗钱和反恐怖融资功能。数据分析应用比较广泛的场景和主题包括优化交易监管的规则、实现警报优先级、警报审核的信息补充、趋势分析等，主要用于提高当前基于规则的交易监管效率。网络监测的链路分析、改进姓名筛选方法、探索新监测规则等方法还处于使用的相对早期阶段（见表8-5）。

表8-5 数据分析在反洗钱和反恐怖融资中的应用主题

成熟应用	早期阶段	实验项目
现有数据分析、交易监管规则优化、警报优先级、警报审核的信息补充、趋势分析	自动报警和抑制处理、应用人工智能预测决策、改变基于规则的监测、改善姓名筛选、链路分析、审计及保证	自我学习模型、特定客户模型、客户风险评估、模拟一级评审、机器推理丰富数据、搜索平台

①优化交易监测的规则。交易监测的规则旨在通过监测固定参数并应

用阈值来捕获已知类型或方案，超过此阈值将触发警报。但是，风险环境和类型可能会随时间而变化，从而使先前确定的阈值不太合适或没有效果。犯罪分子和恐怖分子可以通过各种手段轻松地规避交易监测规则，以略低于众所周知的阈值进行交易。数据分析可利用历史信息来系统地评估这些规则和阈值的生产率，并通过剥离技术识别绕过基于规则的筛选系统的尝试，针对不断变化的风险环境进行适当调整，优化规则以进行检测。新加坡一家银行使用数据分析对客户风险和交易行为进行建模，从而定义用于交易监控的最佳客户分组和此类分组的方案阈值。还有银行应用机器学习模型利用过去的警报数据提取特征和模式，考虑多个因素和变量来检测异常活动，而非使用频率分布图来确定阈值和异常值。

②警报优先级排序。交易监视系统会发出大量警报，其中许多警报都是误报，从而导致处理效率低下、警报疲劳和交易延迟等问题。为解决这些问题，许多银行通过分析客户类型、客户风险、标记方案和历史生产率等指标，对警报进行风险评分，进而实现警报优先级审查。例如，新加坡某银行应用过滤器模型对客户信息（年龄、国籍、职业、业务部门、关系数量），账户信息（账户年龄和类型）以及交易数据（转账频率、转账次数）进行加工，同时应用机器学习和网络分析确定每个警报的风险评分。还有银行与金融科技公司合作，共同创建了一种机器学习解决方案，不仅能够自动输入数据为警报分类提供准确的风险评分，还能为警报评分提供解释说明，确保风险处理的一致性，便于结果审查和监管者对决策进行必要的问责。

③警报审核的信息补充。数据分析和人工智能可以利用语义技术，从广泛来源的非结构化数据中提取有用数据，包括非传统内部来源（其他金融犯罪应用程序内或银行系统可用的数据）和外部来源（公开可用的数据）。通过自然语言处理，允许计算机解释、理解和操纵人类语言，然后将获得的信息用于丰富和补充警报审核。新加坡某银行通过探索应用半监督

机器学习模型（使用标记和未标记数据组合的模型），提供额外的数据和信息维度，进一步完善警报审查过程。

④趋势分析。除了使用基于规则的监控来检测特定的可疑或异常交易之外，还可以利用基于规则的监控报告来分析洗钱和恐怖融资趋势，并检测新趋势和可能的新类型。机器学习模型还可用于检测复杂的非线性关系，以快速、最小的人工输入来识别不易察觉的复杂趋势。趋势分析已经得到了广泛的应用，例如，即便没有提供关于发送方或接收方的准确或完整信息，金融机构也能从通信数据识别风险，这允许金融机构适当地调整其交易对手。

⑤网络检测的链路分析。金融犯罪经常通过有组织的网络和交易分层来掩盖非法资金的来源。洗钱者通过形成一组看似不相关的账户进行一系列复杂交易，这些交易并没有受到现有基于规则的监测标记，使执法部门难以追踪这些资金。"社交网络分析"通过使用图形技术，专门存储、处理和分析节点和节点之间的关系，建模检测实体和账户之间的多个关系和网络。链路分析还可以帮助发现跨账户和跨金融机构的交易网络，从而发现对金融系统构成风险的洗钱活动。由于链接分析模型是动态的，有助于发现新的关系和网络，能够使监管机构及时发现变化、新关系和可能迅速演变的犯罪行为。虽然大多数金融机构认识到链路分析可以改进网络检测能力，但这些方法还处于使用的相对早期阶段。

⑥自我学习模型。自我学习模型能够自动地、无监督地重新加权交易监管的规则、管理应用阈值，从而节省用于手动调整模型的时间，并且通过不断自动更新和调整，满足不断变化的反洗钱和反恐怖融资风险或类型，比周期性调整方法的周转时间短得多。但这种模型仅为新的实验性用例，使用率较低。

（3）应用数据分析需考虑的关键因素

金融机构在实施数据分析计划或特定解决方案时需要考虑一些相互影

响的关键因素，例如低质量、不一致的大量数据会造成处理分析困难，模型的不透明将导致结果解释困难，模型的局限性则带来新管理风险等。

一是提高数据可用性和标准化数据质量。金融机构要提供适当的数据可用性和访问权，支持数据分析项目及更广泛的数据驱动战略。可采用企业级数据访问方法，确保建立数据访问框架，使反洗钱和反恐怖融资职能部门尽可能利用金融机构的数据，使用可疑交易报告中的数据来训练和验证模型。同时，制定数据治理政策、框架和控制措施，以确保数据完整性、机器可读性、来源可追踪、方法一致性，从而提高数据质量。

二是保障模型透明增强输出结果的可解释性。"黑箱"模型可能造成因模型错误使用或偏差形成难以识别的模型风险，金融机构可能因无法充分理解这些模型而不能对监管机构提供必要解释。因此，金融机构不能仅仅基于技术供应商的陈述来使用解决方案，应该充分了解和验证此类模型的性能，投入更多精力来理解和解释模型的技术原理，并进行适当的风险管理，获得有关模型特性和性能方面的合同保证。

三是建立更广泛的风险管理框架应对模型局限性。明确模型的局限性和基础假设，评估模型是否按照其作用和目的有效地运行，核实是否能按预期继续运行。对模型进行适当的准确性、稳健性和稳定性测试，测试其潜在限制，并在一个确定范围内评估行为。进行"可重复性"测试，验证模型是否在相同或相似的场景中执行的一致性。否则，应考虑如何识别和处理例外情况。

2. 新加坡金融监管局通过数据平台和新技术助力反洗钱和反恐怖融资业务

新加坡金融监管局创建了 Myinfo Personal 和 Myinfo Business 两大数据平台，前者包含了新加坡居民的信息，后者包含了新加坡企业的信息。在金融机构开始验证新客户时，可以同时使用新加坡金融监管局这两大数据平台，对消费者进行更加详细的了解。Myinfo 是一个开放的生态系统，实现了对数据、API（应用程序编程接口）和工具箱的开放访问。其中 Myinfo Personal 平台除了包含消费者的证件号码、居住地、受教育情况等基本信息外，也包括消费者的家庭情况、公积金、职业以及驾驶证等多维数据。Myinfo 将各政府机构采集的新加坡消费者个人信息整合成单一档案，同时，消费者也可以决定加入额外的信息，如收入水平、教育水平、就业情况、家庭情况等数据。Myinfo 提供的便利在于当消费者需要填写不同形式的政府表单时，他们不需要填写重复的内容。Myinfo Personal 和 Myinfo Business 两大数据平台能够显著降低金融机构"了解你的客户"成本，并且提供更优的消费者体验。目前，在新加坡已经有 110 个政府部门和 90 个私人部门使用这两大数据平台来了解和验证消费者身份，从而有效降低洗钱与恐怖融资风险。

此外，新加坡金融监管局正在创建一个数据分析系统，以搜索金融机构向新加坡金融监管局提交的关于洗钱和恐怖融资风险的可疑交易报告。新加坡金融监管局将使用自然语言处理和机器学习技术来分析可疑交易报告。它将产生一个洗钱可疑交易报告子网络，监管者将利用发现的可疑洗钱子网络进行进一步调查。可疑交易报告子网络包括从原始可疑交易报告生成的信息，诸如可疑交易报告中的实体以及这些实体之间的关系。根据这些信息，监管者将能够查找更多数据，例如来自可疑实体的交易。这项技术将极大地提高反洗钱识别效率和分析结果。一般而言，手动创建用于识别潜在的洗钱违规行为的网络需要大约两年的时间，而使用人工智能和机器学习来做同样的事情可能只需要几分钟。此外，人工智能和机器学习可以从数据中提取人类无法提取的信息。目前，新加坡金融监管局正在开发监管科技应用程序，旨在通过技术提高反洗钱工作效率。除此之外，新加坡金融监管局还将大数据技术应用于检测洗钱行为，全面采集、分析超过某一特定阈值所有交易的历史结构化数据以及新闻评论等非结构化数据，并通过高级数据分析技术识别与检测洗钱行为。

四、新加坡监管沙盒实践

1. 常规监管沙盒

2016 年 11 月 16 日，新加坡金融监管局发布《金融科技沙盒监管准则》（*FinTech Regulatory Sandbox Guidelines*），成为继英国之后的第二个推出监管沙盒机制的国家。监管沙盒鼓励机构进行金融科技实验，以便有希望的创新能够在市场上得到测试，并有机会得到更广泛的采用。

根据测试对象的不同，新加坡金融监管局将采用有针对性的法律和法规要求，并针对机构资金、流动性、履历的不同在某些领域放松要求、简化市场准入标准，给金融科技初创公司和大型金融公司的金融创新产品提供真实的测试环境，让其在相对宽松的环境中进行技术测试和模式创新。沙盒实验在特定的时间和空间内开展，监管机构以风险导向提供适当的监管支持和保障措施，以控制实验失败的影响范围和对整个市场的不良后果，维护金融体系的整体安全和稳健。在测试成功退出沙盒时，测试机构必须完全遵守相关的法律和法规要求，才能在市场上推广业务。目前，新加坡金融监管局监管沙盒已经成功为 250 多家公司提供了指导。

PolicyPal 保险经纪公司是第一个从新加坡金融监管局监管沙盒测试成功退出的金融科技企业。2017 年 3 月 2 日至 8 月 31 日，该公司在不需要牌照的情况下开展沙盒测试，测试人工智能在提取和分析保单信息领域的应用，从而简化保单管理方式。在测试阶段，PolicyPal 公司的一定数量内的客户提供服务，并向客户进行业务内容的完全披露，经过 6 个月的测试，PolicyPal 满足了所有的监管要求，并获得了许可证可以将服务提供给更多客户。

2. 快捷监管沙盒（Sandbox Express）

2019 年 8 月 7 日，新加坡金融监管局宣布推出"金融科技快捷沙盒监管机制"，为企业在市场上测试某些创新的金融产品和服务提供了一个更快的选择。符合条件的申请人可在向新加坡金融监管局申请后 21 天内，在快捷监管沙盒预定义的环境中开始市场测试。

监管沙盒测试开始前，新加坡金融监管局必须先了解申请者的技术，再为每个申请者设定单独的监管沙盒规则，这一般需要一个较长的周期。而快捷监管沙盒的规则是提前预设好的，申请者只要满足预设的条件就能在更短的时间内进入监管沙盒进行测试，每两个月向新加坡金融监管局进行一次进度报告，从而大大缩短了申请者开展业务测试的时间。但目前快捷沙盒仅适用于市场风险较低、业务模式较为简洁的金融科技活动，包括保险经纪服务机构、公认的市场运营商以及汇款业务机构①。快捷监管沙盒的实验时间最多可达 9 个月，为金融科技企业提供了更多时间来克服业务和技术挑战，也让新加坡金融监管局有充足准备应对潜在的监管挑战。

对于业务模式较为复杂的申请机构，新加坡金融监管局会在收到申请后的 21 天内对其进行告知，并按照常规监管沙盒而非快捷监管沙盒的条例要求对其进行审核。新加坡金融监管局不允许一家机构同时申请常规监管沙盒和快捷监管沙盒资质，并对申请未被批准的机构设立了为期 3 个月的冷静期。在此期间，新加坡金融监管局不会受理来自该机构的监管沙盒测试申请，以确保机构能够进行全方位的尽职调查，为后续申请做好充足准备。

第四节　监管科技发展的国际经验对我国的启示

自监管科技概念诞生以来，发达国家金融监管机构在"科技+监管"领域内开展了大量的研究和应用实践，形成了很多成功案例和有益的经验，

---

① 快捷沙盒推出时，可用于汇款业务机构，但自 2020 年 1 月 7 日起，快捷沙盒将不可用于汇款业务，因为《货币兑换和汇款业务法》已于 2020 年 1 月 28 日《2019 年支付服务法》生效时废除。

这对于我国构建和完善监管科技体系、全面改善金融监管水平、提升金融监管效率有所助益。

一、加强监管科技发展的顶层设计

首先，从国家战略的高度全面加强监管科技的研究和应用，基于金融监管现实情况，着眼于未来金融监管的新发展态势，做好监管科技的统筹规划、战略部署和配套保障措施。

其次，通过加强顶层设计来实现监管科技创新和风险的平衡，既要充分表明金融监管机构对于监管工作创新的支持态度，鼓励合规、优质的机构勇于开展监管科技创新，也要将科技在金融监管领域应用可能带来风险保持在可控、合理的区间。

再次，通过顶层设计来实现监管理念和监管手段的统一，发展监管科技必须与金融监管专业性、一致性和穿透性等监管理念相契合，监管手段的创新必须围绕着监管理念展开，要建立健全监管科技发展的基础规则体系，同步配套推进监管科技标准、运行监测和评估工作，探索监管科技创新管理机制。

最后，夯实监管科技基础支撑，探索完善监管科技发展良性生态环境，从监管逻辑、技术选型、标准规范、资金保障、智力支持、产学研配套等方面全面支持监管科技健康有序发展。

二、规范科技在金融监管领域的应用

总体来说，科技在金融监管领域的应用对于改善金融监管效能、降低金融监管成本大有裨益，但也要关注科技在金融监管领域部署过程中可能产生的风险问题。同时，在发展监管科技的同时要着重强调科技在金融监管领域的合理运用，不能为了用而用，要着眼于利用新技术解决当前金融监管最关注的议题和难题。由于大数据、云计算、人工智能和区块链等技术尚处在发展的初级阶段，部署在金融监管领域的时间尚短，是否会降低现行金融监管的有效性，甚至带来新的风险问题尚不可预测。鉴于此，在金融监管领域部署新技术有必要对相关流程和环节进行规范。

第一，新技术的部署应该与现有金融监管技术体系兼容，不能对现有的技术体系产生冲击。

第二，新技术的应用要保证金融监管的一致性、连续性，不能因为应用新技术而改变基本的监管原则和方向。

第三，建立监管科技实时监测、评估和升级机制，对科技在金融监管领域发挥的作用作出实时评价，及时对监管科技进行校准、纠偏、优化和升级。

第四，特别要规范关键性、通用性技术的研发和应用，全面跟踪其基础架构、技术选择、应用部署、升级完善、安全管控等环节，从根本上提升监管科技的应用水平，让监管科技真正成为改善金融监管水平、提升金融监管效率的"助推器"。

三、对监管科技开展全领域研究

第一，开展监管科技标准体系研究。发展监管科技，制定技术标准不可或缺。只有制定完整、统一、明确的监管科技技术标准，才能为监管行业发展提供健康有序的生态环境。有必要制定包括数据采集、数据分析、数据交互、技术选型流程、技术部署流程以及技术效果评估等在内的监管科技研发与应用标准。此外，通过监管科技国际合作，参与制定监管科技国际标准，为监管科技"引进来"和"走出去"奠定基础。

第二，开展监管科技业务对接系统研究。部署监管科技的最终目的是防范金融风险、保障金融机构稳健运行和保护金融消费者权益，监管科技必须能够与现有的金融监管业务相对接。科技部门有必要围绕着业务部门的需求研发基于新技术的平台、系统以及监管工具，探索构建数字化、科技化的监管协议，更好地用"科技语言"表达金融监管需求，进一步提升监管效能。

第三，开展监管科技配套机制研究。英国、美国、新加坡等国金融监管机构在发展监管科技过程中，都比较注重构建监管科技发展的生态环境，通过引入高等学校、科研机构，开展包括监管数据、风险和合规、技术研发、消费者保护等在内的学术研究，为发展监管科技、改善金融监管提供学术支撑。通过引入商业培训机构，开展监管科技人才培训，满足金融监管机构和金融机构对人才的需求。通过举办论坛和会议，扩大监管科技的关注度，也加强业界、学界之间的交流。

第四，开展监管科技技术研究。从国外监管科技的实践来看，金融监管机构关注技术在金融监管领域应用的同时，也非常关注技术本身的发展。如前所述，以云计算、大数据、人工智能、区块链为代表的现代信息科技尚不成熟，金融监管机构可从金融监管的角度对新技术未来发展方向提出需求，让监管内涵嵌套进技术机理，以便新技术的研发与部署能够更适应监管现实需求和未来发展。

四、开展跨部门、跨机构在监管科技领域的协同合作

发展监管科技是一项系统工程，单靠一个部门、一个机构难以形成有效的监管合力，英国、美国、新加坡的金融监管机构均与政府其他部门合作，将监管科技广泛用于金融风险防范和金融消费者保护。一是实现部门间、机构间信息共享，建立信息共享和沟通机制，通过整合海量的结构化和非结构化数据形成"数据合力"，为大数据分析、人工智能决策提供更广

泛的数据基础，提高监管科技的可信度。二是跨部门、跨机构的联合技术研发与攻关，通过整合技术、人才和资金资源形成"部门合力"，建立"有部门牵头负责、组织多机构共同参与"的监管科技研发协同协作机制，解决当前金融监管领域的关键难题。三是加强学界和业界合作。当前科技发展更新迭代的速度极快，但监管科技的很多基础性、理论性问题尚未明确，理论研究明显滞后于监管科技实践，使学界和业界在监管科技研究与应用领域开展全面合作显得尤为必要。四是加强国际间合作，与国外金融监管机构、国际金融组织加强沟通交流，在监管科技领域互通有无，既吸收最新技术和理念，也开展跨国监管科技合作，更防止国际间监管套利。

五、加快监管科技在金融监管关键领域的应用落地

从英国、美国、新加坡等国的监管科技实践经验来分析，这些国家均在积极支持新技术在金融监管领域的应用。如英国通过鼓励发展监管科技来提高金融监管的有效性，利用鼓励、培育和资助金融机构利用新技术达到监管要求，利用大数据技术和软件集成工具降低金融机构合规成本等。总体来说，监管科技的终极目标是确保其为公共利益和国家利益服务，维护金融市场稳定，促进支持实体经济的金融创新。各国对金融科技逐渐形成了一些共识性的原则，包括以科技创新为驱动、以消费者保护为前提，以发展普惠金融为重点，以风险防范为核心，以标准规范为基础，鼓励多元化的主体良性竞合。当前，我国正处于防控金融风险的重要时期，金融监管面临更高、更多、更严的要求。在这一大背景下，为了打赢防控金融风险攻坚战，切实发挥好监管科技防范金融风险、助力构建金融新生态的重要作用，有必要针对几个重点关注或者风险较为突出的领域（如影子银行监管、打击非法集资、普惠金融发展、金融消费者保护等）优先开发监管科技体系。

六、深入探索监管沙盒实践

为了应对新技术在金融监管领域应用可能带来的风险，有效解决监管科技的安全性、适用性问题，监管沙盒是一个有效的选择。监管科技的应用与部署必须建立在充分论证与合理测试的基础上，要在法律法规框架内基于监管需求实施测试。一是全面验证监管科技与监管理念、监管需求、现有监管技术体系的契合度，验证监管科技在实际监管环境中的运行状况，及时发现监管科技存在的技术"短板"。二是可以缩短监管科技的创新时间，在最短时间内实现监管技术手段的升级改造，尽快缓解金融监管机构面临的压力，验证监管科技能否与防范金融风险、保障金融机构稳健运行和保护金融消费者权益等金融监管工作发生良性的"化学反应"。三是可以将新技术在金融监管领域应用可能引发的风险问题和安全问题控制在一定范围内，也有利于金融监管机构评估监管科技的实际效果。在此基础上，做好监管科技沙盒测试的经验总结，形成可推广、可复制的有益经验，为监管科技的全面创新奠定基础。

第九章 中国监管科技发展与实践

为了缓解监管压力，降低监管成本，提升监管水平，我国中央和地方金融监管机构都很重视以大数据、云计算、区块链、人工智能为代表的新兴信息科技的研发，并在很多重要领域实现了监管科技的落地应用，积极利用"科技+监管"应对"科技+金融"带来的各种挑战。

第一节 中国人民银行监管科技发展与实践

一、金融科技创新监管试点——中国版监管沙盒的推出

监管沙盒由英国金融行为监管局首先提出。为了应对金融科技带来的风险，英国在真实市场中设置了一个"安全空间"，在这个"安全空间"中可以对创新型的金融产品和服务进行测试以评估其风险，从而在鼓励金融科技发展和防控金融风险之间实现平衡。对于企业而言，通过监管沙盒可以实现与英国金融监管机构的直接沟通，不仅极大地缩短了金融产品上市的时间和成本，且更有利于获得市场和金融消费者的认可，进而更容易获得资本市场的青睐；对于金融监管机构而言，可以在有效控制风险的前提下鼓励企业进行金融科技创新；对于金融消费者而言，则可以在更大的保障下尝试更多的创新型金融产品和服务。近年来，我国金融科技行业发展迅速，创新型金融产品和服务的不断涌现、传统金融风险的异化和新金融

风险的出现对我国金融监管形成了严峻的挑战。鉴于此，尽快开展金融科技创新监管试点，推出中国版监管沙盒就显得尤为必要。

2019 年 12 月 5 日，中国人民银行公布将支持在北京市率先开展金融科技创新监管试点，探索构建符合我国国情、与国际接轨的金融科技创新监管工具，引导持牌金融机构在依法合规、保护消费者权益的前提下，运用现代信息科技赋能金融提质增效，营造守正、安全、普惠、开放的金融科技创新发展环境。随后，北京市地方金融监督管理局也表示，北京市在全国率先启动金融科技创新监管试点，探索构建包容审慎的中国版监管沙盒。

2020 年 3 月 16 日，中国人民银行营业管理部（北京）发布《关于北京金融科技创新监管试点第一批项目申请机构自声明的公告》。公告中显示，北京金融科技创新监管试点第一批创新应用已完成登记（见表 9-1），将向用户正式提供服务，标志着中国版监管沙盒正式启动。

表 9-1　北京金融科技创新监管试点第一批创新应用

序号	试点单位	创新应用名称
1	中国工商银行股份有限公司	基于物联网的物品溯源认证管理与供应链金融
2	中国农业银行股份有限公司	微捷贷产品
3	中信银行股份有限公司、中国银联股份有限公司、北京度小满支付科技有限公司、携程	中信银行智令产品
4	中信百信银行股份有限公司	AIBank Inside 产品
5	宁波银行股份有限公司	快审快贷产品
6	中国银联股份有限公司申报的，小米数字科技有限公司、京东数字科技控股有限公司	手机 POS 创新应用

资料来源：中国人民银行营业管理部（北京）网站，http://beijing.pbc.gov.cn。

二、中国人民银行各分支机构监管科技发展与实践

2017 年 3 月，中国人民银行科技工作会议（扬州）提出："今后一段时

期，央行科技工作应以建设数字央行为目标，重点打造一支专业型、复合型、学习型、创新型的央行金融科技队伍；实现架构转型和大数据利用两个突破；完善风险防控、科技治理、技术研发三个体系，构建以大数据为支撑的央行决策平台、以分布式系统为核心的央行服务平台、以数字货币探索为龙头的央行创新平台。"①

近年来，中国人民银行在把握金融科技发展新要求的基础上，在大数据、云计算、分布式系统研发等方面取得重要成果，充分发挥科技对监管的支撑作用。中国人民银行各省级分支行根据总行科技司制定的数据平台建设方法与规范，纷纷成立大数据工作领导小组、数据治理小组和技术实施小组，建立大数据管理体系，规范数据采集、整理、存储、脱敏、共享以及使用等工作流程，为金融监管履职提供强有力的科技支撑。

1. 中国人民银行贵阳中心支行——首家省级大数据应用创新试点，积极探索构建以大数据为支撑的央行决策平台，为提高央行履职和服务地方作出贡献

中国人民银行贵阳中心支行在"贵州省建设'大数据中心'和贵阳市建设'大数据金融中心'"的大背景下，立足当地经济社会发展新情况、新要求，结合"数字央行"规划积极开展金融大数据应用实践。

第一，搭建了金融大数据基础技术平台。基于超融合技术架构实现了服务器硬件资源的动态划分和统一管控，形成了可动态扩展的金融大数据硬件平台。基于 Hadoop 开源生态系统建立了可扩展弹性分布式计算集群，基于MapReduce、HDFS、Hbase、Hive 及 Mysql 主从集群技术，实现海量的数据分布式存储和数据资源的集中管理。应用 Kettle、Shell 脚本、存储过程和数据自动化采集系统，建立数据抽取、清洗、转换处理技术标准，实现海量的数据清洗和高效的数据处理。基于 MapReduce、Kylin、Monderian、爬虫及数据可

---

① 中国人民银行：《加快机构转型　打造数字央行——人民银行召开 2017 年科技工作会议》，http://www.pbc.gov.cn/goutongjiaoliu/113456/113469/3283430/index.html。

视化技术，构建了大数据分析、处理和挖掘的技术框架，实现了数据灵活展现和便捷获取，满足不同数据使用者查询、检索、分析需求。

第二，不断完善数据治理方案。搭建了自动化大数据采集平台（DIS系统），通过统一数据入口、兼容不同数据接口等手段，丰富数据采集手段，将各类金融数据和经济数据经过自动化、流程化的清洗、审核后纳入数据库，实现了数据的全生命周期管理。建立了覆盖全金融业务的大数据金融管理体系，基于海量大数据信息，实时监测辖区内金融市场运行状况，对数据进行多层次、多维度分析，为金融决策提供依据。

第三，通过数据分类，兼顾保密要求与数据共享。一方面，只适合人民银行系统内部使用的数据被界定为红色数据，红色数据储存在受防火墙隔离保护的内部大数据应用服务器中，外单位无权进行访问，保证了红色数据的安全。人民银行系统内部各职能处室可以通过大数据平台便捷地获取开展业务所需的各类数据。另一方面，贵州省各金融机构、各级地方政府可以通过应用软件对接大数据平台来获取各类数据。中国人民银行贵阳中心支行将经过大数据平台清洗、加工、脱敏的绿色数据向社会公开，公众可以通过"云上贵州"、百度等应用获取，主要数据包括贵州省内金融机构信息及各种金融指数。各金融机构、各级地方政府可以通过应用展示服务器获取橙色数据（如银行卡交易信息、企业纳税信息以及金融扶贫等数据）的使用权。

第四，通过开发设计应用子模块实现对各类金融监管业务的支持。子模块将存在逻辑关系的数据进行关联，并对报送数据和采集数据进行统计分析，实现了跨部门融合应用和穿透式统计分析，为金融数据监测、非现场监管、金融决策提供可靠的数据支撑。

2. 中国人民银行成都分行——建设"货币信贷大数据监测分析系统"，支撑"双支柱"调控框架的落实

为促进货币信贷业务创新转型，提升货币信贷政策传导效率，为实现精准监管、提升履职能力提供技术支撑，中国人民银行成都分行综合运用大数据技术、分布式架构和敏捷开发模式，自主研发并上线了"货币信贷大数据监测分析系统"。该系统运用 Hadoop 及其生态链组件，改变了传统的多条线、多系统模式，将货币信贷相关业务条线统一整合到一个大数据平台上，并将数据采集、整理、加工、分析、应用以及共享等功能进行融合，为开展金融监管业务提供了数据化手段。该系统涵盖了与货币信贷业务相关的所有模块，提供了六大基础业务平台，主要包括货币信贷数据集聚应用平台、数据分析处理平台、货币信贷政策传导平台、货币信贷形势分析和金融改革监测平台、项目融资信息对接共享平台以及网上政务服务平台等。基于"货币信贷大数据监测分析系统"，中国人民银行成都分行积极运用大数据、人工智能、风险模型等技术，对辖区内金融机构进行精准"画像"，全面准确地反映金融机构风险概况，及时做出风险预警，不仅通过提供事前风险管理手段的方式进一步提升监管效能，也可以为金融监管和现场执法检查提供依据。

3. 中国人民银行武汉分行——联合其他分支行协同共建"金融业机构信息共享系统"，积极落实国务院"放管服"要求，优化企业营商环境

在中国人民银行科技司的指导和部署下，中国人民银行武汉分行牵头，中国人民银行南京分行、杭州中支与合肥中支联合参与建设"金融业机构信息共享系统"，包括大众版"金融网点通"和专业版"金融数据汇"两个手机 App，以及 PC 端 Web 版"金融数据汇"。通过手机 App 和 PC 软件，该系统实现了包括金融机构综合信息查询与验证、金融业务预约、企业工商信息共享、央行官网信息转载、即时政策宣传等基础功能，同时基于大数据技术开发了金融机构发展概况、金融机构支持地方经济发展、金融消费者权益保护等多主题统计分析高级功能。

"金融业机构信息共享系统"从落实"放管服"等国家政策、服务央行履职、服务实体经济的角度出发，基于鄂、苏、浙、皖四省银、证、保等金融业机构基础数据，将"便民惠民、风险防范、数据共享、金融监管、普惠金融"等业务模块整合在统一的移动互联网平台上。该系统的上线为加强上述四家分支机构"服务民生、服务金融机构、服务央行履职"的能力发挥了重要的促进作用。

首先，在服务民生方面。一是基于细化的公众业务需求来完善专业信息查询 App 的功能，为公众查询信息提供便利；二是实现金融机构及其网点的全景画像，通过帮助公众识别金融机构真伪的方式来防范风险；三是助力普惠金融发展，为金融精准扶贫、改善农村金融服务提供决策支持；四是打造"理财地图"，为公众提供便捷、更权威的理财信息服务；五是打造"金融外卖"平台，全面推出"客户经理在线预约"。

其次，在服务金融机构方面。一是以信息为纽带来联通金融机构和社会公众；二是为金融机构网点铺设、撤并等优化资源配置提供决策支持；三是开通金融机构变更材料上报审核功能，将以往只能在线下完成的审核工作转移到线上，为金融机构提供便利并降低工作成本。

最后，一是填补央行官网移动端空白；二是提供多主题、多指标的数据分析、查询和展示服务，为金融监管决策提供数据化手段；三是系统 App 的广泛应用，提高宏观政策传导效率；四是创新"放管服"落地措施，对接工商局实现 App "企业开户在线预约"。

4. 中国人民银行南宁中心支行——自主研发元数据管理系统，助推大数据平台建设与数据管控工作持续开展

中国人民银行南宁中心支行积极开展大数据应用试点，结合广西金融监管业务需求，以当前最新的设计理念和技术架构，自主研发元数据管理系统。该系统以国际对象管理组织（Object Management Group，OMG）定义的数据仓库和相关系统的国际元数据标准 CWM（公共仓库元模型标准）为元模型设计的基础，并对其进行了本地化扩展，将人民银行大数据应用需要管理的 10 大类共计 80 种元数据纳入管理范围。同时，对每种元数据应包含什么属性以及对各种元数据之间可能存在的关系如聚合、组合、依赖、关联、继承加以约定。截至 2019 年 3 月，该系统共规划了包含元模型管理、元数据管理、元数据交换、数据管控、多层次数据全景视图、元数据质量检查、数据质量管理等在内的 11 大功能模块 71 个功能点。[①]

通过建设元数据管理系统，中国人民银行南宁中心支行有效推进了大数据平台建设工作，实现大数据平台各模块的元数据驱动；通过元数据管理系统实现了对数据管控制度和流程落地实施的有效监控，为形成央行数据治理的长效机制提供支撑；通过元数据管理系统中的质量管理子系统，按照完整性、准确性、唯一性、一致性和规范性五个维度对数据进行周期性分析，借助数据质量管理技术及时发现并解决数据质量问题，实现数据全生命周期管理。

三、中国互联网金融协会监管科技发展与实践

为了给互联网金融风险防范长效机制的建立提供数据支持和技术手段，中国互联网金融协会组织建设了互联网金融举报、互联网金融信息共享、互联网金融登记披露服务、互联网金融反洗钱和反恐怖融资网络监测等平台。

1. 中国互联网金融举报信息平台

该平台负责收集互联网金融举报信息，统一汇集整理举报线索后转发有关管理部门处理。举报对象包括提供网络借贷、股权众筹融资、互联网保险、互联网支付、互联网基金销售、互联网信托和互联网消费金融等各类互联网金融业务的传统金融机构与互联网企业。除此之外，举报者还可以就"现金贷"业务、互联网平台与各类交易场所合作从事违法违规业务、代币发行融资以及违规互联网金融广告进行举报。该平台还提供了举报查

[①] 中国人民银行科技司：《南宁中支自主研发元数据管理系统，助推大数据平台建设与数据管控工作持续开展》，http：//www.pbc.gov.cn/kejisi/146812/146814/3791642/index.html。

询功能，举报者输入举报编号、身份证号即可进行查询。

2. 互联网金融信息共享平台

为加强互联网金融行业信息共享，防范和降低信用风险，中国互联网金融协会搭建了互联网金融信息共享平台，该平台旨在为从业机构提供信息的报送及查询服务，为监管部门提供行业统计监测信息以及其他有利于规范和优化行业环境的相关信息服务。该平台包括和信息查询两个业务模块。

（1）信息报送模块。机构在经过申请、审核、可签署合作协议、接入培训、联调测试、合规性检查、生产接入等环节后方可正式接入互联网金融信息共享平台。机构接入后，经过客户同意，机构需按照《采集标准》每月定期向平台报送个人负债业务相关信息，包括人员标识信息、业务标志信息和个人负债业务信息三部分[1]，客户数据按月度更新。

（2）信息查询模块。查询服务模块允许机构通过被查询客户的姓名、证件类型、证件号码向平台查询客户信息[2]，防范出现多头借贷、过度负债等情况。同时，通过信息共享和交流在一定程度上破除"数据孤岛"难题，为机构加强风险控制提供信息和数据支持。

3. 全国互联网金融登记披露服务平台

目前，全国互联网金融登记披露服务平台展示了各互联网金融从业机构登记披露信息并提供四个查询功能，分别是机构信息查询、运营信息查询、资金存管信息查询和项目信息查询。

（1）机构信息查询功能。社会公众通过平台可以查询到从业机构的组

---

[1]　人员标识信息主要包括客户姓名、证件类型、证件号码等基础信息；业务标志信息主要包括业务发生机构、业务号等信息；个人负债业务信息主要包括业务类型、业务种类、开户日期、到账日期、授信额度、业务发生日期、余额、当前逾期总额、本月还款状态等信息和数据。

[2]　只有在办理以下业务时，机构才可以查询客户信息：审核本机构客户借款申请的；审核本机构客户作为担保人的；对已通过本机构获得借款的客户进行贷后风险管理的；经本机构客户及协会同意的其他情况。

织与治理信息、财务与审核信息、网站或平台信息、重大事项信息、备案信息以及分支机构信息等内容。

（2）运营信息查询功能。通过平台可以查询各从业机构的业务开展情况，主要包括累计借贷金额、累计借贷笔数、累计借款人数量、累计出借人数量、项目逾期率和金额逾期率等业务数据。

（3）资金存管信息查询功能。平台展示了提供资金存管服务的银行名单，社会公众可以查询各从业机构资金存管的基本情况。

（4）项目信息查询功能。此查询功能提供较为完整的项目信息（基本涵盖了项目的关键信息），包括借款金额、借款期限、借款用途、年化利率、借款人基本信息、借款人收入及负债情况等。

通过全国互联网金融登记披露服务平台，社会公众可以随时随地查询从业机构、项目进展等信息数据，减少了互联网交易双方的信息不对称性，同时也为社会公众监督提供了渠道。此外，从业机构不能随意更改已披露的信息和数据，有利于金融监管机构通过大数据信息比对，检验已披露信息和数据的真实性。

四、网联清算有限公司监管科技发展与实践

支付市场规模快速扩大、支付业务创新不断加速以及场景化应用日趋丰富，从"新业态、新技术"两个方面给我国金融监管带来了严峻挑战。为促进我国支付市场的健康发展，网联清算有限公司在分布式架构金融基础设施方面进行了大量的探索和实践。

我国网络支付业务"高体量、高增速、高普及、高并发"等特性对金融基础设施建设提出了很高的要求。网联清算有限公司本着"高性能、高扩展、高可用、高安全"的标准，全面采用先进的分布式云架构打造金融基础设施。

首先，传统集中式架构系统难以适配我国支付业务高并发的处理需求。网联清算有限公司全面采用分布式云平台技术架构，建设多地、多中心 PC 服务器集群体系，通过虚拟化及负载均衡等技术保障系统的平稳运行能力，并有效覆盖市场实时交易峰值。

其次，我国支付业务"高增速"的特点要求相应的配套处理系统需要具备性能同步升级能力。网联清算有限公司采用的分布式架构可实现从上层应用到服务器到数据中心再到城市地域的多层级横向扩展，在性能扩展方面具有很强的技术优势。

再次，我国网络支付已经全面融入社会经济生活的各个领域，网络支付体系能否平稳、可靠、安全的运行对于社会经济生活的正常运转起到了极其重要的作用。目前，网联清算有限公司采用"三地六中心"① "多点、多活、互备"设计，有效保障单点故障及城市级灾难情况下系统运转的连续性。

最后，网联清算有限公司掌握着大量机构和个人的身份信息与行为数据，因此，平台的可靠性与安全性以及国家金融安全、机构与个人信息保护密切相关。目前，网联清算有限公司全系统在物理、网络、主机、应用、数据安全以及安全制度管理等方面已经建立起较为完善的 IT 安全风险防控体系，实现对机构和个人的身份信息与行为数据的全面保护。

第二节　中国银行保险监督管理委员会监管科技发展与实践

2019 年 9 月，中国银行保险监督管理委员会提出："科技赋能以网治网，监测预警能力不断增强。各地各部门积极探索科技赋能监测预警，充分运用互联网、大数据、人工智能等新技术手段开展线上监测，实施'以网治网'，

---

① 在北京、上海、深圳三地建设六个中心机房（每地两个）。六个中心机房之间实现"多点多活、冗余容错、智能导流"，一旦某个中心发生技术故障，可以实现秒级切换到其他中心。

应对非法集资'上网跨域'问题。国家非法金融活动风险防控平台加快开发建设，先行先试推进顺利，已对12个重点地区200余家高风险机构进行全面体检扫描。截至目前，超过25个地区已建或在建大数据监测平台，线上监测非法集资风险的能力逐步增强。全国非法集资监测预警体系建设三年规划加快推进，立体化、信息化、社会化的监测预警体系正在形成。"①

在银行业金融机构考核方面，中国银行保险监督管理委员会北京监管局借助大数据技术完善监管考核体系，基于大数据平台构建包括续贷金额、续贷客户数量、正常类贷款到期续贷率等指标在内的考核评价体系，实时监测银行业金融机构小微续贷业务开展情况，并以监测结果为依据进行分析、评价与考核。在保险中介机构监管方面，为了全面掌握保险中介机构股东和实际控制人实际情况，有效应对非法集资问题，中国银行保险监督管理委员会北京监管局开发了"北京地区保险中介大数据风险监测平台"。平台基于海量数据，设计开发了保险中介机构精准画像、风险识别、信息实时监测、风险分类"亮灯"警示等功能，从而能够全面、深入、动态监管北京地区各保险中介机构的背景和风险状况。

2018年9月，中国银行保险监督管理委员会上海监管局联合交通管理部门搭建上海市省际客运车辆第三方安全监测平台，平台采用"北斗导航+GIS+大数据"监测框架，对上海市省际班车和包车实施"线上实时管控+线下保险增值服务+大数据应用"全天候监测，平台运行以来，上海市省际客运事故年度死亡人数减少42.85%，事故发生率有效降低24.24%。②

2020年1月，中国银行保险监督管理委员会广东监管局提出要"对信

---

① 中国银行保险监督管理委员会. 主动排雷 坚决打击 防范和处置非法集资取得新成效 [EB/OL]，2019. http：//www.cbirc.gov.cn/cn/view/pages/ItemDetail.html？docId＝876085&itemId＝888&generaltype＝1.

② 中国银行保险监督管理委员会上海监管局. 上海银保监局联合交通管理部门搭建上海市省际客运车辆第三方安全监测平台 [EB/OL]，2018. http：//www.cbirc.gov.cn/branch/shanghai/view/pages/common/ItemDetail.html？docId＝477153.

贷和资金业务实施系统'硬控制',推进股东股权'知识图谱'项目,利用大数据和人工智能技术从严整治理资金违规投放关联客户和股东乱象,全面看住'钱'。"①

2020年1月,中国银行保险监督管理委员会山东监管局提出要通过多种方法提高监管履职能力,其中"首先要探索智慧监管,强化监管科技(RegTech)的集成、运用和创新,升级现有监管信息系统功能,尝试跨系统数据集成,加快建设监管大数据平台和智能检查实验室,探索第三方机构参与检查、函询稽核等新型检查方式。"②

第三节　中国证券监督管理委员会监管科技发展与实践

2018年8月,中国证券监督管理委员会正式印发《中国证监会监管科技总体建设方案》,标志着中国证券监督管理委员会完成了监管科技建设工作的顶层设计,并进入了全面实施阶段。证监会监管科技建设遵循"科技引领、需求驱动;共建共享、多方协同;统筹规划、持续推进;提升能力、创新机制"的总体原则,立足于我国资本市场的实际情况,在加强电子化、网络化监管的基础上,通过大数据、云计算、人工智能等科技手段,为证监会提供全面、精准的数据和分析服务,着力实现三个目标。一是完善各类基础设施及中央监管信息平台建设,实现业务流程的互联互通和数据的全面共享,形成对监管工作全面、全流程的支持。二是积极应用大数据、云计算等科技手段进行实时数据采集、实时数据计算、实时数据分析,实

①　中国银行保险监督管理委员会广东监管局.以敢为天下先的改革精神奋力开创银行保险监管新局面[EB/OL],2020.http://www.cbirc.gov.cn/branch/guangdong/view/pages/common/ItemDetail.html? docId=889093.
②　中国银行保险监督管理委员会山东监管局.凝聚银保合力　提升监管质效　为山东经济高质量发展注入金融新动能[EB/OL],2020.http://www.cbirc.gov.cn/branch/shandong/view/pages/common/ItemDetail.html? docId=888185.

现对市场运行状态的实时监测，强化市场风险的监测和异常交易行为的识别能力，及早发现、及时处置各类证券期货违法违规行为。三是探索运用人工智能技术，包括机器学习、数据挖掘等手段为监管提供智能化应用和服务，优化事前审核、事中监测、事后稽查处罚等各类监管工作模式，提高主动发现问题能力和监管智能化水平，促进监管模式创新。《中国证监会监管科技总体建设方案》中明确了 5 大基础数据分析能力、7 大类 32 个监管业务分析场景，提出了大数据分析中心建设原则、数据资源管理工作思路和监管科技运行管理"12 大机制"。①

第四节　地方金融监管机构监管科技发展与实践

一、北京市——"北京金融风控驾驶舱"

作为科技创新中心，北京在监管科技领域的研究和应用走在国内前列，北京市地方金融监督管理局一直非常关注如何利用监管科技改善金融监管能效，防范和化解金融风险。

2019 年 2 月，北京市地方金融监督管理局宣布由其与蚂蚁金服合作开发的"北京金融风控驾驶舱"已经正式上线。"北京金融风控驾驶舱"是借助数据可视化技术，构建了一个包含金融风险监测、风险研判、风险分发与处置以及金融综合治理等功能的智能化系统。通过这个系统，北京市地方金融监督管理局可以对在北京地区注册和开展经营活动的类金融机构的合规性进行实时监测，也可以对重点风险行业进行重点监测和预警。"北京金融风控驾驶舱"实现了从多维度对全网海量数据进行实时监测，能够对

---

① 中国证券监督管理委员会. 证监会正式发布实施监管科技总体建设方案［EB/OL］，2018. http：//www.csrc.gov.cn/pub/newsite/zjhxwfb/xwdd/201808/t20180831_343433.html.

市、区、街道、楼宇、公司的各类数据进行扫描、挖掘、归集和分析，然后借助事先构建好的风控模型和海量大数据穿透式识别潜在风险，并通过可视化的方式辅助风险处置的决策。

二、北京、广州、西安、天津等多地——"蚂蚁风险大脑"

蚂蚁金服开发的"蚂蚁风险大脑"已与北京、天津、上海、重庆等11地签订合作协议，协助各地金融监管机构对金融机构开展风险排查，通过全领域动态扫描和知识图谱挖掘等技术，发现关联机构间的潜在风险，掌握金融风险变化趋势。

蚂蚁金服凭借多年在金融场景积累的经验和技术优势，根据不同地区的金融风险特征、金融监管机构建议等要素搭建了"蚂蚁风险大脑"这一风险模型，能够从企业股权、工商合规、产品经营、舆情分析、负面涉诉等多个维度进行分析，可以全面、真实地反映金融机构的业务风险、合规风险和其他非金融风险状况，从而为金融监管机构的监管决策提供依据。同时，"蚂蚁风险大脑"还具有风险预警功能，可以及时识别潜在风险，向金融监管机构和金融消费者发出预警信息，为金融监管机构进行事前干预预留了空间，也能够有效保护金融消费者权益免受（或少受）侵害。凭借着人工智能技术，"蚂蚁风险大脑"具有很高的信息检索和整合效率，能够以"分钟级"的频率检索网络舆情；基于机器学习技术，"蚂蚁风险大脑"会根据地方金融监管机构的反馈信息不断校验和完善风险模型，从而更贴近地方金融风险实际情况，更有效回应金融监管机构的需求。

未来，"蚂蚁风险大脑"还将与区块链技术融合，将金融监管机构、监管科技企业、金融机构以及类金融机构的相关信息和行为数据全部"上链"，实现信息和数据透明化、可查询、不可篡改。

三、深圳市——"灵鲲金融安全大数据平台"

2018 年 7 月，深圳市地方金融监督管理局联合腾讯宣布双方建设的"灵鲲金融安全大数据平台"正式上线运行，该平台旨在通过金融风险的识别和监测预警，助力深圳金融监管，保障金融业务安全，防控金融风险。

"灵鲲金融安全大数据平台"采用模式识别理论与机器学习方法，搭建基础数据层、特征层、决策层等多层智能决策模型框架。在此基础上，"灵鲲金融安全大数据平台"利用人工智能技术优势，包括 70 亿个点和 1000 多亿条边的世界最大的"黑产"知识图谱以及世界一流的安全大数据团队等，解决了金融监管机构"数据、算法、计算力"不足的问题。同时，基于金融犯罪样本挖掘金融风险并进行数据化、可视化，建立从监测、分析、模型拟定、欺诈定型的全流程管理，搭建了从数据源管理到风险展示的系统架构。

在智能风控领域，腾讯拥有 19 年与网络"黑产"对抗的技术沉淀，形成了多维度"黑产"知识图谱，"灵鲲金融安全大数据平台"可以有效帮助金融机构识别各类欺诈行为，为金融机构提供反欺诈、交易反欺诈、营销反欺诈、设备指纹、环境风险感知、反洗钱等产品服务。在金融消费者教育领域，"灵鲲金融安全大数据平台"通过微信小程序等渠道打造消费者金融安全教育平台，帮助广大金融消费者识别金融消费陷阱，保护金融消费者权益免受侵害。借助"灵鲲金融安全大数据平台"，金融消费者可以通过实时查询、举报等方式排查、识别潜在金融风险平台，并可参与金融科普小游戏，在趣味中学习防范金融陷阱的技能。

四、宁波市——金融风险"天罗地网"监测防控系统

2018 年 7 月，由国家互联网应急中心和宁波大学为宁波市量身定制打造的金融风险"天罗地网"监测防控系统正式上线，该系统依靠国家互联网应急中心掌握的数据资源以及金融科技技术、网络安全技术优势，在全国范围内首创了"互联网大数据+网格化系统数据"监管模式。

"天罗地网"监测防控系统由"天罗"和"地网"两个子系统构成。"天罗"依托互联网大数据技术平台，接入各类金融监测数据信息，通过大数据、人工智能、区块链等技术，形成金融风险实时线上监测体系。"地网"依托基层社会治理网格化管理平台，接入网格排查信息和相关管理部门监管数据信息，形成金融风险排查与日常监管相结合的线下监测体系。"天罗地网"监测防控系统具备风险监测、风险预警、风险处置、机构监管、统计考核 5 方面功能。

1. 风险监测方面，系统对网上舆情、互联网广告等实时全网监测；对相关机构虚假宣传、产品收益率过高等异常行为持续跟踪。通过全方位、地毯式排查，通过手机 App 采集信息，建立"一企一档"数据库。

2. 风险预警方面，系统依据核心预警指数模型，生成风险预警"天罗地网"指数，分析相关机构股权关联和重点人员情况，从海量数据中筛选出高危、高风险信息。

3. 风险处置方面，通过工作会商和任务指派，将风险监测结果提供给相关地区和部门进行处置。对于低风险事件实时处置，中风险事件限时处置，高风险事件适时启动工作会商，且处置流程、进度等全程在线反映。

4. 机构监管方面，针对地方金融机构研发设立监管模块，通过数据采集功能，结合监管部门监测系统，逐步实现对多业态行为的非现场监管。

5. 统计考核方面，定期形成风险评估报告，通过手机 App 将风险评估

报告、风险处置情况、日常考核进展情况及时推送至各地各部门，压实工作责任。

宁波市金融风险"天罗地网"监测防控系统正式运行后，可逐步实现政府部门对金融风险的"人管"向"人管"和"机管"相结合的转变，"事后"兜底向"事前、事中、事后"全程监测预警监管处置相结合的转变，"粗放式检查"向"精准性监测"的转变，并强化对辖内金融风险状况线上线下全流程持续监控和动态分析，进一步提升政府风险防控效能。①

第五节　我国监管科技发展过程中存在的问题分析

我国金融监管机构、行业协会等自律组织在监管科技领域进行了大量的探索和实践，在部分重要领域完成了落地应用并在改善金融监管效能方面发挥了一定作用，但从目前监管科技整体发展和应用来看，还存在以下几点亟待解决的问题。

一、监管科技的发展与应用总体规划不足，存在重复建设和资源浪费的情况

从中央金融监管机构和地方金融监管机构在监管科技领域的探索和实践来看，由于缺乏监管科技发展与应用的总体规划，我国目前监管科技的研发和应用形式较为多样，有监管部门独立研发监管科技体系的，也有监管部门和互联网企业（金融科技企业）联合研发的，也有监管部门将监管科技体系外包给监管科技公司或金融科技企业的。在这种情况下，不同部门、不同地区之间的监管科技体系各自为政，很难打通使用，无法在防范

---

① 宁波广电网.5大功能防控金融风险　宁波打造"天罗地网"监测防控系统 [EB/OL]，2018. http://www.nbtv.cn/xwdsg/nb/30031603.shtml.

金融风险、保护金融消费者等领域形成合力。由于不同机构在数据搜集、处理、分析和应用的标准不同，当这些机构和不同金融监管机构联合研发监管科技体系时，会将这种不同带到金融监管领域，事实上又形成了新的"数据垄断"和"数据孤岛"。由于缺乏统一规划，分散式建设的监管科技体系容易造成数据多次采集，不仅导致了重复建设和资源浪费的情况，也增加了机构和金融消费者信息和数据泄露的风险。同时，大量数据分散存储在不同的监管部门，很难发挥大数据在辅助决策、防范风险领域的重要作用。

二、监管科技发展尚缺统一的规则和标准

制定统一的技术规范和标准是发展监管科技的基础性工作。在规则和标准缺失的情况下，各自为政、无序发展的状态不利于监管科技发挥防范系统性金融风险的重要作用。从目前监管科技体系的建设情况来看，虽然中央和地方金融监管机构纷纷开展监管科技的研发与应用，通过自建、联合建设、外包等方式开发出契合自身监管需求的监管科技体系，但由于缺乏统一的标准，诸多标准不一、不同功能的监管科技体系之间无法联通，缺乏有效的信息和数据共享机制，难以形成监管合力。

三、整体技术能力不足，监管科技发展水平有待提高

虽然监管科技体系在部分监管部门上线并且在防范风险、辅助决策等方面发挥了重要作用，但总体来看，监管科技体系开发质量仍有较大提升空间，还不能完全满足金融监管机构的需求，在云计算、大数据、人工智能、区块链技术应用方面与行业内领先水平尚有差距，突出表现在"科技+金融"与"科技+合规"发展明显快于"科技+监管"。面对"科技+金融"

与"科技+合规"已经形成产业化、常态化的大趋势,"科技+监管"在技术研发与应用的广度和深度上还有很长的路要走。此外,与金融机构、互联网企业相比较,金融监管机构在"科技+监管"领域的人才队伍建设上相对滞后,缺乏具备大数据、分布式架构、人工智能和区块链技术设计与研发能力的专业人才。同时,监管力量向金融机构、互联网企业流失的现象长期存在,已经成为制约金融监管机构技术能力提升的重要因素。

四、监管科技的应用首先应该解决技术本身可能带来的风险

监管科技还处在发展的初级阶段,科技在监管领域的应用是否会引发新的风险问题还未可知,还需要进一步验证。首先,云服务的出现使数据的所有权、管理权和使用权相分离,数据高度集中在行业头部企业的云平台,一旦出现黑客攻击或突发事件(如遇自然灾害、停电等),轻则导致监管科技体系中断工作,重则导致金融机构和金融消费者信息被窃取、监管信息泄露、监管决策失误等严重情况。鉴于此,在"科技+监管"发展与应用的过程中,监管科技使用主体、技术供给主体的安全意识建设、安全生产管理机制和应急处理机制的建立与完善等配套措施是不容忽视的。其次,大数据技术体量大、类型多、涉及范围广、处理链条长等特点决定了其遭受网络攻击、面临泄露和窃取的风险偏大。此外,由于缺乏数据采集与使用的规范和标准,数据"重复采集、多头使用"等问题会对个人隐私保护、经济活动有序开展产生不利影响。再次,人工智能技术发展尚不成熟,基于人工智能的决策存在不可预期、缺乏逻辑性等问题,短期内可能依然无法有效解决。最后,区块链技术在应用方面仍存在一定风险和亟待解决的问题,如算力有限、"去中心化"理念与"中心"机构(金融监管机构)不可或缺之间的冲突、自动化运行会放大技术性与操作性失误的风险等。

第六节　监管科技视角下强化金融监管能力的政策建议

科技的发展与应用赋予了金融业空前的创新驱动力，创新型金融业态、金融产品和服务层出不穷，金融创新在一定程度上已经超过金融监管能力范围，形成诸多监管灰色地带，导致金融风险爆发概率上升。鉴于此，金融监管机构就有必要在全面把握"科技+金融"发展新特点、新要求的基础上，基于科技的研发与应用来全面提升金融监管能力，将金融创新重新纳入金融监管可接受的范围。

一、正确认识监管科技的"能与不能"，充分发挥监管科技的重要作用

虽然监管科技能够助力金融监管机构提高监管能效、丰富监管手段，但也应清晰地认识到，监管科技不是万能的，也存在一定的局限性。首先，数据垄断和数据孤岛并存。数据已经成金融科技时代下的重要资产，故金融机构缺乏共享数据的动机，数据垄断已成为既定事实。同时，由于缺乏统一的数据管理标准和规范，各机构之间数据共享存在困难，数据孤岛现象短期内将继续存在。数据垄断和数据孤岛并存的现象可能会导致部分基于大数据技术的监管科技缺乏公信力。其次，金融科技公司有可能成为"隐性监管者"。目前，我国专门从事监管科技研发的企业数量较少，金融监管机构更多还是选择与金融科技公司合作开发监管科技工具和系统。在监管科技研发的过程中，金融监管机构对监管科技运行机制不了解、对核心算法不熟悉、对核心技术不掌握，加上监管数据共享和打通使用，很可能让金融科技公司掌握监管资源，形成事实上的"隐性监管者"。再次，监管科技还处在发展的初级阶段，科技在监管领域的应用是否会引发新的风

险问题还未可知，还需要进一步验证。同时，人工智能、大数据等技术主要应用于基于数据的分析和预测，最终的监管决策还是由金融监管机构在综合研判的基础上决定。因此，监管科技目前还无法取代监管者的人为判断，只能为监管决策提供参考依据和技术支持。最后，金融科技发展速度远快于监管科技，当金融科技公司不断研发和应用合规科技以满足监管要求时，很可能诱发其寻找监管漏洞并游离于监管体系之外的动机，从而形成新的监管套利。

在监管科技应用过程中，应正确认识监管科技的"能与不能"，充分发挥其"能"对于改善监管效能的重要作用，并从制度设计上寻找规避其"不能"的办法和途径。如在做好信息密级分类的基础上通过建设信息共享平台、制定信息共享规则或以"开放式"的理念统筹金融科技行业发展等方式打破"数据孤岛"和"数据垄断"。制定监管科技发展规划和行业规范，加快推进监管科技行业发展；政府出资并引导社会资本支持监管科技行业发展，同时明确规定监管科技公司经营范围，不得直接或间接提供金融产品和服务，杜绝出现"既当运动员又当裁判员"的现象。此外，金融监管机构可对技术创新采用积极支持、主动引导的态度，可以考虑以监管沙盒的形式在一定范围内同时对金融科技和监管科技进行测试，金融监管机构直接参与到金融科技产品、监管科技产品的设计、研发和测试中，充分了解"科技+金融"和"科技+监管"的运行机制、规则算法与核心技术等，在监管科技发展中占据更主动的地位，从而更有效地应对金融风险。

二、制定监管科技发展基本规则体系，加强监管科技标准化力度

第一，发展监管科技要加强顶层设计，从基础架构、技术应用、监管目标等方面制定和完善监管科技发展的基本规则体系。通过明确监管科技发展的基本规则，为金融业营造一个良好的发展环境，让金融机构便捷、

清晰地获取金融监管机构监管的重点和规则，从而更好地契合监管要求，同时也有利于明确监管门槛，给"科技+金融"创新预留更多的发展空间。

第二，完整的监管科技体系应该针对金融产品和服务进行全生命周期管理，构建包括事前预测和预警、事中监测和干预、事后处置和总结在内的全流程监管模式。监管科技建设要充分论证，要在符合法律法规和监管要求的基础上有步骤、有计划地推进实施，可考虑推出适用于监管科技的沙盒机制。

第三，在构建监管科技体系时要注意提升监管能效和保护监管独立性之间的平衡，不能一味地追求效率而将监管科技体系完全交给市场去建设。金融监管机构要根据金融监管的实际提出监管要求并积极参与监管科技体系建设的全过程。在构建监管科技体系时要注意监管"金融"和监管"科技"之间的平衡，虽然技术是中性的，但也要关注技术本身可能带来的风险，同时对技术在金融业中应用可能产生的风险进行预判。

第四，制定监管科技在防范金融风险、保障金融机构稳健运行、保护消费者权益等领域的国家标准，同时统筹国家标准、行业标准、企业标准发展，强化监管科技标准供给，提升监管透明度，充分发挥标准化工作改善金融监管水平的重要作用。

三、利用监管科技建立风险预警体系，强化金融监管机构防范化解金融风险的能力

面对金融科技背景下金融风险呈现出的新特征，传统金融风险监管模式和手段已经很难适应新形势的变化，有必要利用大数据、云计算、人工智能等技术建立风险预警体系，进一步提升监管精度和深度，有效防范化解"科技+金融"带来的新风险。

首先，金融监管机构可以通过购买或自建的大数据平台，实时搜集金

融行业业务数据，构建包括"业务""资金"和"关联人员"在内的风险分析模型，利用机器学习方法对海量相关数据进行反复迭代和模式匹配，及时识别和预警可疑经济金融行为。

其次，金融监管机构可以采用复杂网络、智能化识别等技术，深度挖掘金融机构关联关系，完整呈现金融机构社会图谱。当金融机构关联方或者关联行业出现风险时，金融监管机构可以利用风险模型判断金融机构受风险影响的程度，并及时向金融机构发出预警信息，达到规避风险的目标。

再次，金融监管机构可以利用文本挖掘技术和智能挖掘算法（如神经网络、文本聚类等技术）将海量的文本数据转化成结构化数据，为风险分析和预警提供数据化手段。

最后，完善预警系统配套措施。建立分类分级预警机制，基于风险等级分级来制定不同的预警等级和干预措施，保证监管资源用在"刀刃"上；把线上分析和线下举报结合起来，通过建立线下举报平台，充分发挥新闻媒体、社会大众的监督作用，让可能产生的金融风险无处遁形；建立动态的行业"白名单"和"黑名单"，对金融机构实行分类评级和动态的监管治理，重点加大对列入"黑名单"金融机构的惩戒和监督力度。

四、利用监管科技重点监控金融机构经营行为，确保金融机构稳健运行

目前，金融科技行业的风险主要是由金融科技公司违规违法经营行为所造成的。首先，在第三方支付行业。部分平台挪用、占用客户备付金。在行业竞争方面，头部企业形成垄断和同质化竞争严重，仅支付宝、腾讯金融两家平台就占到第三方支付市场份额的 90% 以上，其他平台缺乏流量和场景优势，难以进行有效竞争且技术创新乏力，导致部分支付平台的收入来源主要依靠客户备付金账户利息，以"吃利差"的方式生存。其次，

众筹平台发布虚假项目标的、为项目担保、挪用项目资金等不规范经营行为都会对金融消费者权益构成侵害。尤其是在金融消费者金融知识匮乏的情况下，虚假项目很容易让金融消费者"盲从跟投"。此外，部分平台还存在泄露客户信息数据、在未获批准的情况下从事资产管理、债权或股权转让、高风险证券市场配资等金融业务的违规行为。最后，在广告宣传方面。部分平台为谋求收益对金融产品进行不真实宣传，误导金融消费者；部分平台在未取得相关金融业务牌照时就提前开始宣传即将开展的金融业务等。

鉴于此，应利用监管科技对金融科技公司的经营行为进行实时监测，可以考虑建设区域性的行业云平台，将同类型的金融科技公司纳入相应云平台进行实时监测和管理，通过模型技术来实现不同规模企业之间的信息比对，及时发现运营异常的企业。通过大数据平台 7×24 小时不间断地采集金融科技公司运营信息，同时扩大数据来源，数据来源不再局限于企业报送的数据和报表，也包括新闻媒体、论坛网络、工商系统、法院系统以及互联网金融协会等行业自律组织发布的各类信息和数据，实现对金融科技公司运营风险信息的高效、全方位分析和处理，及时发现违法违规经营线索。通过区块链技术，让金融监管机构、金融科技公司同时上链，实现金融科技公司信息可查询和交易可追踪，杜绝虚假信息和不实宣传；同时对每笔资金附加智能合约，一旦出现违反合同约定使用资金的行为，资金将被立即冻结并在区块链上进行广播，通知金融监管机构对违规使用资金问题进行及时处置。

五、借助监管科技保护金融消费者权益，应对金融消费者保护新挑战

在金融科技时代，金融消费者权益保护面临更多的挑战。首先，随着金融科技产品的日益丰富，金融消费者面临金融、科技知识储备"双不足"

的困境。其次，金融消费者呈不断年轻化趋势，这部分群体往往由于缺乏稳定的收入来源或收入偏低，很容易在场景化日益发达的环境中陷入过度负债的泥潭。最后，金融消费者个人信息泄露问题日趋严重。

发展监管科技不单单是要防范金融风险、确保金融机构稳健运行，也要进一步加强金融消费者权益保护。金融监管机构、金融机构要借助互联网渠道，利用多样化的教育载体，随时随地对金融消费者进行金融和科技知识教育。也可以由金融监管机构牵头，整合教育部门、金融机构、行业协会、自律组织联合研发金融消费者教育云平台，系统地、有计划地开展国民金融知识普及和教育活动。通过大数据和人工智能技术，对金融消费者进行精准"画像"，准确刻画金融消费者金融知识水平、财务水平和风险承受能力，从而推送不同的金融产品。尤其是对于年轻群体而言，在其负债达到风险阈值时，及时进行风险提示甚至中断交易。通过区块链技术有效保障金融消费者个人信息和数据不被他人窃取，链上的信息可查询也仅限于交易数据，而金融消费者个人信息则是隐匿的，也保障了金融消费者在完成交易的同时不会受到其他信息的干扰。

六、监管科技的"引进来"与"走出去"

第一，我国监管科技国际合作要坚持"引进来"战略。我国在科技技术研发方面还落后于技术应用方面，监管科技基础性技术（如网络架构、硬件设备和底层技术等）还是由西方发达国家主导，而我国的优势则在于场景化和流量等方面。因此，在基础性技术研发方面有必要通过"引进来"的方式，利用外国智慧助力我国监管科技基础设施建设。

第二，我国监管科技国际合作要坚持"走出去"战略。以监管沙盒为例，2019年12月，北京市在全国率先启动金融科技创新监管试点，探索构建包容审慎的中国版监管沙盒。2020年3月，首批参与试点的6家企业名单已经出炉，标志着中国版监管沙盒正式启动。在测试完毕以后，我国可就金融科技监管、沙盒运行等内容与国外金融监管机构、国际组织金融开展交流，向世界贡献中国智慧。

第三，在国际化的大背景下，制定全球统一的监管科技行业标准已经成为国际金融监管合作的基础。目前，部分国家、国际组织已经就监管科技、金融科技等内容展开广泛合作。如英国金融行为监管局在 2018 年 2 月提出的全球沙盒计划，目前已经吸引包括国际货币基金组织、世界银行、美国消费者金融保护局、新加坡金融监管局、澳大利亚证券与投资委员会以及中国香港金管局（Hong Kong Monetary Authority，HKMA）等 29 家国际组织和金融监管机构的参与，正在尝试建立全球金融创新网络，以期实现金融科技公司与不同国家金融监管机构之间的沟通，并在不同国家和地区对创新金融科技产品进行测试。我国在监管科技国际合作中，有必要在制定监管行业标准中掌握更多话语权，从而进一步推动我国监管科技的全球化发展，也有利于我国金融科技公司适应他国金融监管政策，增强国际竞争力。

参考文献

[1] 巴曙松，胡靓，朱元倩. 澳大利亚监管科技：现状与经验 [J]. 经济社会比较，2020（4）.

[2] 范一飞. 中国法定数字货币的理论依据和架构选择 [J]. 中国金融，2016（11）.

[3] 范一飞. 关于央行数字货币的几点考虑 [N]. 第一财经日报，2018-01-25.

[4] 付学深，刘友旗. 构建央行决策平台 助力"数字央行"建设 [J]. 金融电子化，2018（6）.

[5] 何海峰，银丹妮，刘元兴. 监管科技（SupTech）：内涵、运用与发展趋势研究 [J]. 金融监管研究，2018（10）.

[6] 胡滨. 监管科技 渐行渐近 [J]. 当代金融家，2017（11）.

[7] 霍学文. 大力发展监管科技 助力地方金融监管 [J]. 清华金融评论，2019（5）.

[8] 李东荣. 发展监管科技是新形势下维护金融安全的有力支撑 [N]. 证券日报，2019-11-18.

[9] 李东荣. 提升消费者数字金融素养需多方协力 [J]. 清华金融评论，2020（6）.

[10] 李伟. 金融科技发展与监管 [J]. 中国金融，2017（8）.

[11] 李伟. 做好数据治理 强化个人隐私保护 [J]. 清华金融评论，2021（1）.

［12］宁波广电网.5大功能防控金融风险 宁波打造"天罗地网"监测防控系统［EB/OL］. http：//www. nbtv. cn/xwdsg/nb/30031603. shtml.

［13］孙国峰.从FinTech到RegTech［J］.清华金融评论，2017（5）.

［14］孙国峰.共建金融科技新生态［J］.中国金融，2017（13）.

［15］孙国峰.发展监管科技构筑金融新生态［J］.清华金融评论，2018（3）.

［16］孙国峰，赵大伟.监管科技的挑战与破局［J］.中国金融，2018（21）.

［17］孙国峰.金钉子：中国金融科技变革新坐标［M］.北京：中信出版集团，2019.

［18］孙国峰.监管科技研究与实践［M］.北京：中国金融出版社，2019.

［19］孙国峰.金融科技时代的地方金融监管［M］.北京：中国金融出版社，2019.

［20］孙国峰.中国监管科技发展报告（2019）［M］.北京：社会科学文献出版社，2019.

［21］孙国峰.监管科技蓝皮书：中国监管科技发展报告（2020）［M］.北京：社会科学文献出版社，2020.

［22］王信，任哲.数字货币及其监管应对［J］.中国金融，2016（17）.

［23］王信.切实加强虚拟货币监管牢牢维护国家货币发行权［J］.第一财经，2018（4）.

［24］王信.为何要研究发行央行数字货币［J］.财新周刊，2018（9）.

［25］王去非.金融科技发展中的若干关系问题探析［J］.金融与经济，2019（5）.

[26] 徐忠，孙国峰，姚前 . 金融科技：发展趋势与监管［M］. 北京：中国金融出版社，2017.

[27] 杨东 . 监管科技：金融科技的监管挑战与维度重构［J］. 中国社会科学，2018（5）.

[28] 尹振涛，范云朋 . 监管科技（RegTech）的理论基础、实践应用与发展建议［J］. 财经法学，2019（3）.

[29] 袁佳，王清 . 多维度看数字货币发展趋势［J］. 银行家，2020（1）.

[30] 张瑞怀 . 构建以大数据为支撑的央行决策平台［J］. 金融电子化，2017（5）.

[31] 张涛 . 央行数字货币的优势与挑战［J］. 清华金融评论，2020（8）.

[32] 赵大伟 . 监管科技的能与不能［J］. 清华金融评论，2019（5）.

[33] 赵大伟，李雪 . 金融科技背景下的金融监管研究——基于监管科技的视角［J］. 浙江金融，2020（4）.

[34] 赵大伟，李建强 . 智能金融时代［M］. 北京：人民日报出版社，2021.

[35] 中国财富管理50人论坛，清华大学五道口金融学院联合课题组 . 平台金融科技公司监管研究［R］. 2021.

[36] 中国互联网络信息中心 . 第47次中国互联网络发展状况统计报告［R］. 2021.

[37] 中国人民银行金融科技（FinTech）委员会编 . 金融科技研究成果报告（2018）［M］. 北京：中国金融出版社，2019.

[38] 中国人民银行金融稳定小组 . 中国金融稳定报告2020［M］. 中国金融出版社，2020.

[39] 中国人民银行 . 加快机构转型　打造数字央行—— 人民银行召开

2017 年科技工作会议［EB/OL］，http：//www. pbc. gov. cn/goutongjiaoliu/113456/113469/3283430/index. html.

［40］中国人民银行科技司. 南宁中支自主研发元数据管理系统，助推大数据平台建设与数据管控工作持续开展［EB/OL］，http：//www. pbc. gov. cn/kejisi/146812/146814/3791642/index. html.

［41］"中国人民银行副行长潘功胜就金融管理部门约谈蚂蚁集团有关情况答记者问"［EB/OL］，http：//www. pbc. gov. cn/goutongjiaoliu/113456/113469/4153479/index. html.

［42］中国人民银行金融消费权益保护局课题组. 大型互联网平台消费者金融信息保护问题研究［EB/OL］，"央行研究"，2021 年第 4 期。参见：http：//www. pbc. gov. cn/redianzhuanti/118742/4122386/4122510/4187206/index. html.

［43］中国银行保险监督管理委员会. 主动排雷　坚决打击　防范和处置非法集资取得新成效［EB/OL］，http：//www. cbirc. gov. cn/cn/view/pages/ItemDetail. html？docId＝876085&itemId＝888&generaltype＝1.

［44］中国银行保险监督管理委员会上海监管局. 上海银保监局联合交通管理部门搭建上海市省际客运车辆第三方安全监测平台［EB/OL］，http：//www. cbirc. gov. cn/branch/shanghai/view/pages/ common/ItemDetail. html？docId＝477153.

［45］中国银行保险监督管理委员会广东监管局. 以敢为天下先的改革精神奋力开创银行保险监管新局面［EB/OL］，http：//www. cbirc. gov. cn/branch/guangdong/view/pages/common/ItemDetail. html？docId＝889093.

［46］中国银行保险监督管理委员会山东监管局. 凝聚银保合力　提升监管质效　为山东经济高质量发展注入金融新动能［EB/OL］，http：//www. cbirc. gov. cn/branch/shandong/view/pages/common/ItemDetail. html？docId＝888185.

［47］中国银行业协会. 中国消费金融公司发展报告（2020）

［R］. 2020.

［48］中国证券监督管理委员会. 证监会正式发布实施监管科技总体建设方案，http：//www. csrc. gov. cn/pub/newsite/zjhxwfb/xwdd/201808/t20180831_343433. html.

［49］周亮. 完善公司治理 促进股份制银行高质量发展［J］. 金融监管研究，2020（7）.

［50］Aleksander Berentsen and Fabian Schär, A Short Introduction to the World of Cryptocurrencies, Federal Reserve Bank of St. Louis REVIEW, First Quarter 2018.

［51］Andy Haldane, Chief Economist, Bank of England, Speech at the Maxwell Fry Annual Global Finance Lecture：Managing Global Finance as a System, Birmingham University 10（Oct. 29, 2014）.

［52］Bank for International Settlements（BIS）, "Digital Currencies," Report of the Committee of Payments and Market Infrastructures, November 2015.

［53］BIS, "Big tech in finance：opportunities and risks", BIS Annual Economic Report, 23 June 2019.

［54］Chantilly, Chair's summary：G7 finance ministers and central bank governors' meeting, 17 – 18 July 2019. https：//www. bis. org/publ/arpdf/ar2019e3. pdf.

［55］European Commission, Ethics Guidelines for Trustworthy Artificial Intelligence, April 2019.

［56］Denis Beau, Financial regulation and supervision issues raised by the impact of Tech firms on financial services, Speech at the ESSEC – Centre d'excellence, Paris, 30 January 2019. https：//www. bis. org/review/r190130a. html.

［57］Financial Conduct Authority, Call for Input：Supporting the development and adoption of RegTech, November, 2015.

［58］Financial Conduct Authority, Feedback Statement: Call for Input on Supporting the development and adoption of RegTech, July, 2016.

［59］FSB, BigTech Firms in Finance in Emerging Market and Developing Economies-Market developments and Potential Financial Stability Implications.

［60］M Stucke, "Should we be concerned about data-opolies?", Georgetown Law Technology Review, Vol 2, issue 2, 2018. 12 October 2020. https://www.fsb.org/wp-content/uploads/P121020-1.pdf.

［61］Hauswald, R. B. H., & Marquez, R. S., Information Technology and Financial Services Competition. Review of Financial Studies, Vol. 3, No. 16, 2003, pp. 921-948.

［62］HM Treasury's 2015 Budget Report, March, 2015.

［63］Institute of International Finance, RegTech in Financial Services: Solutions for Compliance and Reporting, March, 2016.

［64］Jacqueline Loh, Innovation in Central Banking - Seizing Opportunities, Securing Our Future, Speech at BIS Innovation Summit on 25 March 2021.

［65］Jon Frost, Leonardo Gambacorta, Yi Huang, Hyun Song Shin and Pablo Zbinden, BigTech and the changing structure of financial intermediation, BIS Working Papers, No. 779, 08 April 2019.

［66］O Bar-Gill, Algorithmic price discrimination when demand is a function of both preferences and (mis) perceptions, University of Chicago Law Review, Vol 86, No. 2, March 2019.

［67］OECD Council Recommendation on Artificial Intelligence, https://legalinstruments.oecd.org/en/instruments/OECD-LEGAL-0449.

［68］Monetary Authority of Singapore, Principles to Promote Fairness, Ethics, Accountability and Transparency (FEAT) in the Use of Artificial Intelligence and Data Analytics in Singapore's Financial Sector, November 2018.

［69］Monetary Authority of Singapore, Consultation Paper on Proposed Revisions to Business Continuity Management Guidelines, March 2019.

［70］Michael S. Piwowar, Remarks at the 2018 RegTech Data Summit-Old Fields, New Corn: Innovation in Technology and Law, March 7, 2018.

［71］Peter Mell, Timothy Grance, The NIST Definition of Cloud Computing-Recommendations of the National Institute of Standards and Technology, NIST Special Publication 800-145, September 28, 2011.

［72］Satoshi Nakamoto, Bitcoin: A Peer-to-Peer Electronic Cash System, https://bitcoin.org/bitcoin.pdf.

［73］The Financial Industry Regulatory Authority, Technology Based Innovation for Regulatory Compliance ("RegTech") in the Security Industry, September, 2018.

［74］Walport, M., FinTech Futures: The UK as a World Leader in Financial Technologies, Report to UK Government Office for Science, March 2015.

［75］World Bank, World Bank Development Report: Digital Dividends. Washington, DC: World Bank, 2016.

［76］World Bank Group, A Roadmap of SupTech Solutions to Low Income (IDA) Countries, December, 2020.

［77］Yves Mersch, Member of the Executive Board of the European Central Bank, "Money and private currencies-reflections on Libra," Speech at the ESCB Legal Conference, Frankfurt am Main, 2 September 2019.

后 记

我和袁佳博士相识已近十年，至今我还清晰地记得我们初识的场景。相近的研究兴趣使我和袁佳博士一起完成过很多学术成果，有报告，有课题，有学术论文，但一起著书尚属首次。

早在 2018 年，我和袁佳博士就计划写一本关于金融科技和监管科技的专著，提纲反反复复拟了多次，但由于日常工作繁忙、家庭琐事等原因，正式写作日程一推再推。2020 年 7 月，我们再次敲定提纲，用近半年的时间完成初稿写作，而后反复多次对初稿打磨、完善。到 2021 年夏天，历时近一年，《矛与盾——金融科技与监管科技》终于付梓。

从结构上看，《矛与盾——金融科技与监管科技》对我们以往的研究成果进行了总结，全面吸收了我们对金融科技、监管科技研究的重要结论和观点，也为我们未来继续开展金融科技、监管科技领域的研究开启了新的方向。

从主要内容来看，《矛与盾——金融科技与监管科技》以专题的形式对金融科技、监管科技的概念和内涵进行了界定，对其发展过程中存在的主要问题进行了梳理和分析，特别是对一些容易造成误解和混淆的概念进行了辨析，也对于金融科技、监管科技未来发展和监管方向进行了深入探讨。

从研究方法来看，《矛与盾——金融科技与监管科技》采用了理论分析与实践分析相结合的方法对金融科技、监管科技进行了较为全面的研究。

从写作风格来看，《矛与盾——金融科技与监管科技》从学术专业的视角，用平铺直叙的语言向大家讲述了金融科技和监管科技的"前世今生"，对于业界和学界都有一定的借鉴意义和参考价值。

在《矛与盾——金融科技与监管科技》即将出版的时候，我们想在这里感谢中国人民银行研究局王信局长、金融研究所周诚君所长对我们的支持和指导。感谢中国人民银行货币政策司孙国峰司长为本书作序。感谢中国人民银行金融研究所互联网金融研究中心对本书出版给予的大力资助。感谢各位领导、同事、朋友对我们的关心和关注。更感谢我的妻子向飞丹晴女士、袁佳博士妻子孔洋女士对双方各自家庭的付出，能让我们有更多的精力和时间从事研究和写作工作。感谢你们！

谨以此书送给我们各自的孩子，希望你们能快乐、健康地成长！

2021 年 8 月